운을
극복하는
주식 공부

운을
극복하는
주식공부

여신욱 지음

부의 시작을 위한 절대 잃지 않는
안심 투자법

체인지업
CHANGEUP

프롤로그 ↗

처음 주식 계좌를 개설하러 갈 때의 기억이 생생합니다. 주식이란 걸 해 보자며 회사에서 몰래 빠져나와 근처에 있는 증권사 지점으로 갔습니다. 마을버스 두 정거장 거리를 이동할 때 심장이 두근거렸습니다. 아마도 버스 맨 앞자리에 앉은 제 눈에는 비장한 각오가 서려 있었을 것입니다.

요즘에야 비대면 계좌 개설이 잘되어 있어 휴대폰 하나로 모든 준비를 마칠 수 있죠. 하지만 지점을 직접 방문하는 그 긴장감을 맛보지 못하는 게 아쉬울 때도 있습니다. 그런 상징적인 행동이 초보 투자자에게 미치는 영향이 상당하니까요.

시작이 반이라는 말도 있지만 주식에서만큼은 적용되지 않습니다. 계좌를 개설한 몇 백만 명의 투자 입문자 중 그 이후에 벌어질 일들을 정확히 예상하는 사람은 없습니다. 실제로 주식투자를 하며 겪은 일들을 돌아보면, 회사를 땡땡이치고 마을버스 두 정거장을 이동하는 것쯤은 아무것도 아니었습니다.

때때로 주식투자는 하나의 모험처럼 느껴집니다. 계좌에 돈을 넣고 버튼 몇 개만 누르면 되는 단순한 일인데, 이 안에 삼라만상이 들어 있습니다. 그리고 모든 모험이 그렇듯이 수시로 아찔한 순간을 겪게 됩니다. 큰 돈을 잃을 때도 있고, 한순간의 잘못된 판단이 몇 년 동안 후회로 남기도 합니다. 그보다 어려운 것은 이만하면 겪을 만큼 겪었다 싶다가도 전혀 앞이 보이지 않는 답답함을 느낄 때입니다. 버뮤다 삼각지대 같은 것일까요? 여기는 어디인지, 나는 누구인지, 내 능력은 어느 정도인지, 앞으로 무슨 일이 일어날 것인지, 전혀 감이 오지 않을 때가 제일 무섭습니다.

그런데 말입니다. 희한하게도 이런 혼란을 겪으며 뒤를 돌아보니 돈이 불어나 있었습니다. 팔자를 바꿀 만큼의 돈은 아니지만 소박한 자신감은 생길 만큼 의미 있는 성과였습니다. 제대로 배우지 않고 맨땅에 헤딩하며 경험한 것치고는 나쁘지 않았습니다.

주식투자를 한다는 것은 필연적으로 '불확실한 미래'와 함께하는 것입니다. 그래서 모험인 것이죠. 험준한 산맥, 끝도 없는 사막, 성난 바다가 다르듯이 주식시장에서 그때그때 겪는 어려움도 항상 다릅니다. 시장의 환경은 수시로 바뀝니다.

일단은 경험이 필요합니다. 수많은 풍파에 흔들리지 않고 경험하겠다는 자세로 뚫고 가야 합니다. 그래야 노련한 탐험가처럼 살아남아 주식시장에서 자산을 늘려 갈 수 있습니다. 초보 탐험가라면 탐험을 앞두고 안전 교육 같은 것을 받게 되겠죠. 탐험지의 지형은 어떤지, 도구는 무엇이 있으며 어떻게 사용하는지, 위험한 상황을 빠져나올 중요한 생존 스킬은 어떤 게 있는지. 이 책에서 다루려는 내용도 비슷합니다. 주식투자에 본격적으로 입문하기 전에 시장의 성격은 어떠한지, 어떤 도구를 사용하게 되는지, 살아남기 위해 명심해야 할 것은 무엇인지 알아야 하니까요.

갖은 고충과 위험을 무릅쓰고 탐험을 떠나는 이유는 뭘까요? 모험을 헤쳐 나가는 과정에서 지혜와 임기응변의 경험이 쌓이기 때문입니다. 그리고 더 성숙한, 자유로운 영혼을 가진 자신을 만날 수 있기 때문입니다. 주식투자라는 탐험을 통해 경제적으로 자유로운 사람으로 거듭나길 기원합니다. 그리고 이 책이 여러분의 여정에 있어 작은 안내서가 되기를 희망합니다.

차례

3 장 종목은 어떻게 골라야 하나요?

4장 대체 언제 사고팔아야 하나요?

5 장 어떤 순서로 투자를 하나요?

6장 실수를 막으면 성공이 보인다

7장 알아 두면 쓸모있는 주식투자 공부법

1장

**뭘 모르는지 모르는
상태에서 벗어나기**

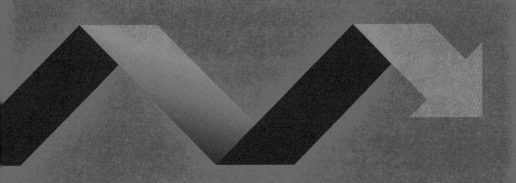

1장에서는 주식을 시작하기 전에 알아야 할 것들을 살펴보겠습니다. 주식투자에 뛰어든다는 것은 곧 자본주의의 바다에 뛰어드는 것입니다. 바다에 뛰어들기 전에 수영을 할 줄 알아야 하고, 수영을 하기 전에 물에 뜨는 법부터 배워야 합니다.

1장에서 배우는 것은 물에 뜨는 법이 아닙니다. 물에 들어가 보기 전에 옷을 벗고 수영복으로 갈아입는 과정입니다. 물론 일상복을 입고 물에 들어가도 되죠. 아무도 말리지 않습니다. 다만 익사할 위험이 커지겠죠. 수영복으로 갈아입고 제대로 준비하는 사람들보다 뒤처질 가능성은 거의 100%죠. 주식에 대해 아무것도 몰라도 계좌 트고 돈 넣어서 아무거나 사고팔 수 있습니다. 하지만 그렇게 주식에 뛰어들면 돈을 벌기는 훨씬 어렵습니다.

우선 주식 자체를 시작해 본 적 없는 분들이 막연하게 궁금해 하는 의문 몇 개를 짚어 보겠습니다. 후반부에는 주식시장의 생리와 주식투자의 생리 중 가장 기초적인 부분들을 살짝 다뤄 보겠습니다. 살짝입니다. 제대로 배우려고 하면 시작도 못하고 주눅 들어서 포기할 가능성이 높습니다. 최대한 적응을 할 수 있는 수준의 이야기부터 가볍게 시작하겠습니다.

01 감도 끼도 돈도 없는데 주식해도 되나요?

유튜브 영상이나 클래스101 강의를 통해 만난 수많은 주식 입문자분 중 적지 않은 분이 이런 의문을 가지고 있었습니다.

'내가 이런 걸 해도 되는 건가?'

'진짜 수익이 나긴 하나?'

'주식이 공부한다고 되는 건가?'

처음 시작할 때는 막연한 마음이 드는 게 사실입니다. 게다가 의심이 가득한 상태에서 시작할 수밖에 없습니다. '이게 정말 될까?' 하는 의심인 거죠. 그렇게 된 데에는 주식투자에 도전했다가 크게 돈을 잃은 엄마, 아빠, 절친, 큰 이모, 막내 삼촌, 작은 고모부 등 가족

그리고 지인들의 실패담의 영향이 큽니다.

다른 쪽에서 확실한 길이 보이지 않아 이 책을 펼쳐 든 분도 꽤 있을 것입니다. 주식투자 말고 내 인생을 들어 올릴 명확한 비전이 보이지 않는 것이죠. 부동산은 사려니 너무 비싸고, 사업은 시작하려니 너무 위험해 보이고, 그렇다고 지금 밟는 커리어에서 승승장구하는 것도 아니고. 여러 방향을 고민한 끝에 주식에 관심을 가지는 분이 많습니다. 저 또한 많은 분과 다르지 않은 이유들로 주식투자를 시작했습니다.

예를 들어서, 마이클 펠프스가 주식투자를 생각해 본 적이 있을까요? BTS나 블랙핑크가 노후를 위해서 주식이라도 해야겠다는 생각을 했을까요? 지금 가장 핫한 톱 모델이나 배우 같은 연예인들, 천재적인 운동선수들 혹은 부모님이 유능한 금수저들. 이런 분들은 주식까지 도전해 볼 생각을 웬만하면 하지 않습니다. 지금 당장 가진 게 없을 때 그리고 특출난 재능이나 적성도 없을 때, 평범한 사람이 비범한 목표를 달성할 수 있는, 최후의 보루로 생각할 수 있는 게 '재테크'입니다. 주식투자에 입문한 분들 중 '부동산 살 돈이 없어서' 여기로 오신 분도 정말 많습니다. 주식에 입문했는데 목표가 '부동산 매수'인 분이 꽤 많더군요. 부동산을 사려면 최소 수억이 필요한데 그게 없으면 시작도 못하니까요. 여기에는 여담이 있는데요. 큰 주식 자산가들 중 (자가 주택 포함해) 부동산을 아예 사지 않거나 최소 수준의 부동산만 보유한 분도 많습니다. 이 이야기는 나중에도 다룰 일이 있으니 원래 자리로 돌아오자면, 결국 주식투자에 입문하는 가장 큰 이유는 '평범하기 때문'입니다. 비범한 재능이나 비전이 없다는 이유가 역설적으로 다른 선택지를 지우며 주식투자로 귀결된 것이죠.

그런데 말입니다. 수십수백억을 주식으로 번 분들의 이야기를 들어 보면 정말 '평범'했습니다. 특출난 끼가 있는 분은 거의 없었습니다. 주식투자자들끼리 모이는 술자리에 우연히 참석해서 다양한 투자자를 만난 적이 있습니다. 그중에 지방에서 KTX를 타고 올라온 나이가 좀 있는 아저씨가 한 분 계셨는데요. 수더분한 인상에 평범해 보였습니다. 존재감도 크지 않고 말수도 적었습니다. 많은 투자자분이 침을 튀기며 투자 아이디어를 이야기할 때도 조용히 듣고만 계시더군요. 그런데 그분이 화장실에 간다고 자리를 비우니까 어느한 분이 목소리를 낮추면서 이런 이야기를 하시더군요.

"저분 운용 자산이 100억이 넘어요."

그렇게 활기차던 열정적 투자자분들이 모두 일시 정지했습니다. 제 기억에 한 5초간 정적이 흐른 것 같습니다. 이후 그 아저씨가 자리로 돌아오셨는데 그때 갑자기 후광이 비치더군요. 내가 이런 귀인을 알아보지 못했다니!

원래 저는 타인을 겉모습으로 쉽게 판단하는 속물이었지만, 투자에 입문한 이후로는 그런 버릇이 사라졌습니다. 특히 연배가 좀 있고 옷차림이 수수하며 말수가 없는 분들이 진짜 투자 고수인 경우가 많습니다. (스터디 등으로 다른 투자자를 만나실 경우 참고하시기 바랍니다.)

아무튼 투자는 그런 분야입니다. 학벌, 직업, IQ, 부모님 재산 이런 거 다 필요 없습니다. 성실함과 상식만 있으면 누구나 성공할 수 있습니다. 직장 생활보다도 쉽죠. 정치질하고 편법 쓰는 사악한 동료들에게 고과 평가에서 밀릴까 걱정할 필요도 없고, 꼴보기 싫은 동료나 상사를 매일 마주치면서 받는 스트레스도 없죠. 남보다 잘할 필요는 없습니다. 나 자신만 이기면 되니까요.

주식투자, 넓게 봤을 때 자본 수익을 내는 과정은 자본주의의 바다에 뛰어드는 것과도 비슷합니다. 경제적 속박이라는 섬에 갇혀 있는 사람들이 자본주의의 바다를 건너서 경제적 자유라는 섬으로 가고 싶은 것이죠. 주식투자를 배운다는 건 그 섬에 도착할 만큼의 수영 실력을 기르는 과정입니다.

이건 등수 게임이 아닙니다. 섬에 1등으로 도착할 필요가 없습니다. 마이클 펠프스만큼 잘할 필요도 없습니다. 헤엄쳐서 건널 수 있으면 됩니다. 운전면허 시험을 볼 때 모두 100점 맞고 싶을까요? 이건 등수 시험이 아니라 Pass/Fail 테스트입니다. 60점만 넘으면 되는 것이죠. 하지만 운전도 수영도 직접 핸들을 잡거나 직접 물에 뛰어들지 않으면 평생 배울 수 없습니다. 그렇게 초보 시절에는 나름 섬

뜩한 경험도 해야만 합니다.

투자를 배우기 전에 아래 두 가지를 상기하기 바랍니다.

1. 처음 한두 번의 시도만으로는 절대로 마스터할 수 없다.
2. 성실하게 연습하고 경험을 쌓으면 상상하지 못할 만큼 발전할 수 있다.

자신감을 가지세요. 물론 쉽진 않을 것입니다. 가끔 돈을 까먹기도 하고, 마음고생도 하고, 기업분석을 하느라고 3 때처럼 밤잠 아끼며 공부하다가 내가 왜 이러고 있나 회의감이 들 때도 있을 것입니다. 필연적인 과정입니다. 그런 회의감을 떨쳐 내고 하루하루 공부하다 보면 어느 순간 자산이 조금씩 불어날 것입니다.

수백억 주식 부자들 중에 한 방에 팔자 핀 사람은 단 한 명도 없습니다. 모두가 평범하게 시작하고 시간과 노력으로 성공합니다. 물론 처음에 입문했을 때는 의심이 들 수 있습니다. 저도 한 3년 정도는 될지 안 될지 의심했습니다. 하지만 이 책을 읽는 한 여러분은 3년이나 의심할 필요가 없습니다.

주식투자로 부를 쌓는 과정은 '버티기 게임'입니다. 중도 포기만 안 하면 누구나 배울 수 있어요. 그런데 배울 게 굉장히 많고 인내심을 요하는 영역이기도 합니다. 때문에 제대로 익히려면 꽤 많은 시간이 걸립니다. 주식투자로 성공한 사람이 많지 않은 이유는 난이도 때문이 아닙니다. 주식이 도박이어서도 아닙니다. 절대적으로 필요한 시간을 견디지 못하고 포기하는 사람이 많기 때문입니다.

　개인적으로 존경하는 한 투자 선배님의 일화가 있습니다. 이분도 처음 10년은 투자로 계속 잃기만 했다고 합니다. 보통은 10년 했는데도 안 되면 포기하게 마련이죠. 아니 10년씩이나 붙들 수 있는 분도 많지 않습니다. 그런데 이분은 끝까지 포기하지 않았습니다. 나에게 주식 말고는 길이 없다는 각오로 꾸준히 노력하다 보니 성과가 나기 시작했고, 성과가 난 이후로는 무섭게 자산이 불어났습니다. 지금은 어엿한 슈퍼개미의 반열에 들어섰습니다.

　버티면 됩니다. 하지만 버틸 수 있어야 합니다. 어떻게 하면 끝까지 버틸 수 있을지를 생각해 봤는데요. 개인적인 이유, 포기하지 않을 이유가 필요한 것 같습니다. 그래서 저는 주식에 입문하신 분들에게 질문 하나를 던지겠습니다.

　'나는 왜 투자를 해야 하는가?'

　부양해야 할 가족일 수도 있고, 개인적으로 갖고 싶은 것일 수도 있습니다. 혹은 뭔가 굉장히 싫은 것을 피할 자유를 원할 수도 있습니다. 어찌되었건 이 이유는 개인적이어야 합니다. 철저히 내면에서 길러 온 나만의 것이어야 합니다. 이런 것들을 성찰하고 끄집어낸

후 투자에 입문하신다면 끝까지 버틸 수 있고 결과적으로 성공한 투자자가 될 수 있을 것입니다.

02 1억의 벽을 넘으려면

어느 분인지는 기억나지 않습니다. 그런데 제 유튜브 영상을 보다가 이런 댓글을 주셨습니다.

보수적 투자, 가치투자, 중장기투자를 하는 건 좋은데 난 아직 투자금이 너무 적다. 저런 방법으로 투자금을 불리는 데에는 시간이 너무 오래 걸릴 것 같다. 그래서 1억까지 단타를 통해 빨리 만드는 게 낫지 않을까?

대략 이런 이야기였습니다. 여러분도 이런 생각이 든 적이 있지 않은가요? 종잣돈이 어느 정도 규모가 되어야 한다는 점에서 충분히 할 수 있는 고민입니다. 투자를 통해서 의미 있는 수익을 낸다. 예를 들어서 1년에 두 자릿수 이상의 수익률을 낸다고 가정하고 1000만 원 단위 이상의 수익이 나려면? 종잣돈이 1억은 있어야 합니다.

지금 1000만 원이 있다고 하겠습니다. 그런데 1년 동안 이걸로 1000만 원을 벌고 싶다면? 목표 수익률은 100%입니다. 할 수 있겠나요? 1년 안에 투자금을 두 배로 불릴 수 있을까요? 어떻게 해야 할까요? 수만 개 종목 중 하나를 잘 찍어서 한 번에 두 배, 아니면 단타로 1, 2%씩 연속으로 수익을 내서 100%까지 달성?

질문드리겠습니다. 누구나 가능할 만큼 우리 인생이 쉽게 풀리던가요?

연 수익률 100%가 얼마나 원대한 꿈인지, 얼마나 큰 도전인지 잠깐 고민해 보겠습니다. 투자금 1000만 원으로 매해 100%, 두 배씩 원금을 불릴 수 있다면 10년 뒤에는 어느 정도 자산이 불어날까요? 102억 원이 됩니다. 102억을 가진 여러분의 모습을 상상해 보기 바랍니다. 인생이 정말 이렇게 수월하게 풀릴까요?

100%가 절대 불가능한 수익률은 아닙니다. 정말 뛰어난 소수의 고수들은 가능합니다. 그런데 그들은 1000만 원만 굴리지 않습니다. 1000만 원을 1년 만에 2000만 원으로 불릴 수 있는 분이라면 이미 최소 수십억은 굴리고 있을 것입니다. 물론 다년간의 혹독한 공부와 경험을 가졌겠죠.

우리는 왜 1000만 원밖에 없을까요? 초보이기 때문입니다. 경험도 실력도 아직 부족하기 때문입니다. 액수가 먼저가 아니라 실력이 액수를 만드는 것이죠. 그러므로 지금 투자금이 적을수록 목표 수익률을 현실적으로 잡을 필요가 있습니다. 당장은 일 년에 두 배를 불린다는 생각은 시기상조입니다.

가정을 약간 바꿔 보겠습니다. 투자 실력은 부족하지만 종잣돈이 1억 정도 있다면 어떨까요? 이 경우 10%만 수익이 나면 1000만 원을 벌 수 있습니다. 물론 초보 입장에서 10%도 쉬운 수익률은 아니죠. 하지만 100% 내는 것보다는 훨씬 현실적으로 들리지 않나요? 좀 더 쉽게 느껴지죠?

수익률이 아니라 수익금으로 생각해 보겠습니다. 한 해에 1000만 원의 추가 수입을 얻고자 할 때 목표수익률 100%와 10%는 심리적 부담감의 차이가 상당합니다. 이 차이를 이해하신다면 종잣돈 크기의 중요성이 와닿을 것입니다.

이제 1억이라는 숫자에 대해 이야기해 보겠습니다. 가지고 있는 투자금의 단위 자체가 '억'이 되면 무엇이 달라질까요? 액수 자체보다 우리 심리에 미치는 영향이 더 중요합니다. 9999만 원과 1억 사이에는 만 원짜리 한 장 이상의 심리적 의미가 부여됩니다.

보통 마일스톤이라고 이야기하죠. 의미 있는 숫자를 달성했을 때 우리의 사고 체계도 함께 변화합니다. 1억을 달성하고 나면 우리는 그냥 돈을 모으는 사람이 아니라 1억을 모은 사람이 됩니다. 이 달성을 헛되이 하고 싶지 않기 때문에, 향후의 여정도 더 진지하게 임하게 됩니다. 커피 한 잔 살 돈도 한 번 더 생각하게 됩니다. 피곤해서 택시 타고 집에 갈까 고민될 때 대중교통을 타게 됩니다. 보너스를 받고 사고 싶었던 옷을 포기하고 증권 계좌에 돈을 이체하게 됩니다. 뇌의 구조가 바뀌는 것입니다. 왜냐하면 1억을 달성했기 때문입니다.

이런 이유들 때문에 굉장히 많은 재테크 선배님이 초기 단계에서 1억 달성의 중요함을 강조하고 있습니다. 저 또한 지나고 보니 이때 인생이 바뀌었습니다. 이제 주식투자로 1억을 어떻게 만들지에 대해 고민해 보겠습니다.

주식으로 1억을 만드는 가장 빠르고 확실한 방법은 무엇일까요? 아이러니하지만 투자수익률과는 상관없습니다. 앞서 말씀드렸듯이 초기에 자본을 모으는 과정은 뛰어난 수익률이 만들어지기 전 단계이기 때문입니다. 오히려 본업에서 오는 소득을 독하게 아껴서 저축을 하는 것이 최고의 방법입니다.

1000만 원 미만의 종잣돈으로는 큰 수익률을 내 봤자 큰 변화가 없습니다. 일찍이 우리 조상님들은 '티끌 모아 태산'이라는 속담을 남기셨죠. 티끌 '굴려' 태산이 아니라 티끌 '모아' 태산이라고 속담을 만든 이유가 있습니다. 티끌은 열심히 굴려도 그냥 티끌이기 때문입니다.

정답은 저축 말고는 없습니다. 저축을 통해서 자본을 계속 늘리면 투자수익률이 높지 않아도 목표 금액에 도달하는 속도가 빨라집니다. 게다가 월급을 비롯한 노동소득은 정기적으로 일정량의 돈이 들어옵니다. 정기적 소득을 꾸준히 증권 계좌에 이체해 주식을 매수하면 저절로 분할 매수의 효과를 얻을 수 있습니다. (이것을 보통 '코스트 애버리징 효과Cost averaging effect'라고 합니다. 이에 대해서는 다음에 조금 더 자세히 설명드리겠습니다.)

이쯤에서 짧은 탄식이 흘러나올 수도 있습니다.
"저축으로 1억을 어느 세월에 모으냐고요!"
당연히 힘들죠. 저축으로 1억을 만드는 길에 우리가 무엇을 감내해야 하는지 생각해 볼까요? 먹을 거 덜 먹고, 입을 거 덜 입고, 놀 거 덜 놀고…. 결국 모든 게 궁상과 인내의 길입니다. 커피 한 잔 사는 것도 한 번 더 생각해야 합니다. 피곤해서 택시 타고 집에 갈까 고민될 때 대중교통을 타야 합니다. 보너스를 받고 사고 싶었던 옷을 포기하고 주식 계좌에 돈을 이체해야 합니다. 앞서 이야기한 1억을 달성한 사람의 마음가짐을 1억을 만들기 위해 미리 발휘해야 하는 것이죠.

궁상과 인내는 다른 말로 하면 자기통제와 절제력입니다. 어차피 투자수익만으로 1억은 시기상조입니다. 결국 절약을 통한 저축을 포기하면 안 됩니다. 절약 신공을 벌이고 자기통제와 절제력을 발휘하는 과정에서 얻어지는 것은 단순히 저축액뿐이 아닙니다. 투자 입문기에 저축이 주는 진정한 강점은 다른 곳에 있습니다. 우리가 주식 투자로 성공하기 위해 제일 중요한 요소, '멘탈'을 기르는 훈련을 병행할 수 있습니다.

사회에서 성공하기 위한 길은 결국 다 연결되어 있습니다. 저축의 고수가 되면 주식의 고수도 될 수 있습니다. 주식 고수가 되면 부동산 고수도 될 수 있습니다. 이런 이유 때문에 10억의 벽보다 1억의 벽이 더 중요합니다. 자력으로 1억을 모을 수 있는 사람이라면, 시간이 주어지면 10억도 만들 수 있습니다. 하지만 운에 기대면 안 됩니다. 영글지도 않은 투자 실력에 기대려 한다면 운이 좋아서 1억을 넘기더라도 절대로 10억까지 올라갈 수 없을 것입니다.

저축과 관련해서 꼭 명심해야 하는 중요 포인트가 있습니다. 주변 사람과 비교하는 행동은 다 그만두시기 바랍니다. 내 생활을 영위하는 필수적 소비 외에 불필요한 잉여 소비들의 80% 이상은 남과 나를 비교하는 과정에서 발생합니다. 반대로 말하면, 남과 나를 비교하는 버릇만 고쳐도 상당한 양을 저축할 수 있습니다. 지금 사고 싶은 명품 옷은 부자가 되면 잠옷으로도 입을 수 있습니다. 지금 타고 싶은 외제차는 나중에 더 비싸고 큰 차로 찾아옵니다. 왜 미래의 수익 기회를 현재의 소비에 불태워 버리려 할까요? 다 남들과 비교하는 심리 때문입니다. 저축을 시작하고, 1억을 달성하고, 그 멘탈로 부자로 가는 길을 걷기 위해서는 비교하는 심리부터 극복해야 합니다.

03 적금 깨고 주식할까요?

앞서 저축을 통해 1억의 종잣돈을 만들자고 제안드렸습니다. 그런데 이번에 드릴 이야기는 앞서 설명한 내용과 어떤 부분에서는 상충됩니다. 결론은 이렇습니다. 저축을 하시되 일반적인 은행 계좌가 아니라 증권 계좌로 저축하길 추천드립니다. 그리고 가급적이면 저축액으로 주식을 조금씩 사서 모으는 게 좋습니다.

"지금 저보고 적금 깨서 주식에 넣으라는 말씀이신가요?"

네, 말하자면 그렇습니다. 큰 고민 없이 바로 주식판에 뛰어들고, 아무거나 샀다가 큰 손해를 보는 분이 많습니다. 그래서 '주식은 위험한 도박'이라며 지나친 경계심을 보이는 분도 많습니다. 투자의 필요성은 느끼고 있지만 주식이 두려운 분들의 경우 '그래도 적금으로 종잣돈을 좀 더 모은 뒤에 주식투자를 시작하는 게 낫지 않을까?' 하는 불안감을 가지게 됩니다. 자연스러운 현상입니다. 낯설고 두렵기 때문이죠.

그렇다면 적금을 왜 하는지도 생각해 볼까요? 요즘 같은 저금리에 이자라고 해 봤자 약간의 예절 수준입니다. 우리 인생을 바꿀 수익은 아닙니다. 즉 적금의 진짜 가치는 이자 수익이 아닙니다. 참을성을 기르고 절약하는 습관을 정착시키는 '자기통제력 훈련'의 기회. 이것이 적금의 진짜 가치입니다. 주식으로 돈을 벌기 위해선 자기통제력이 매우 중요한데, 이 능력을 저축 습관을 기르며 연습할 수 있는 것이죠. 어차피 훈련이 목적이라면 은행 계좌에 불입하건 증권 계좌에 불입하건 큰 차이는 없습니다.

많은 분이 원금 손실에 대해 걱정합니다. 하지만 현실을 직시해야 합니다. 평가액 측면에서 원금 손실의 경험은 절대 피할 수 없습니다. 계좌 수익률이 파란색(마이너스)로 뜨는 것을 처음 볼 때는 정말 섬뜩합니다. 하지만 으레 있는 일입니다. 원래 주식투자라는 것이 등락을 거치며 우상향하는 증식 방법입니다. 그래서 오히려 종잣돈이 적을 때 평가손의 경험을 해 보는 게 덜 무섭고 덜 위험합니다.

기타 연주를 배우는 것과 같습니다. 기타 연주를 잘하고 싶다면 어떻게 해야 할까요? 네. 연습을 많이 하면 됩니다. 그래서 기타 초보들은 연습용 기타를 저렴한 가격에 삽니다. 그리고 바로 연습을 시작합니다. 처음부터 프로가 쓰는 비싼 기타를 사기 위해 오랜 기간 적금을 들며 기타 연습을 뒤로 미루는 초보는 없습니다. 실력이 부족할 때는 좋은 기타가 있다고 좋은 음악이 나오지 않죠. 저렴한 기타라도 당장 사서 연습을 꾸준히 해야 실력이 늘고, 좋은 기타는 실력이 늘고 나서 사는 게 순서입니다. 마찬가지로 투자를 입문할 때도 하루빨리 연습 기간을 거쳐야 합니다. 투자 경험 없이 적금만으로 종잣돈 1억을 모은 사람과 투자 경험을 수년 쌓으며 1억을 모은 사람 중 누가 유리할까요? 당연히 후자가 플러스 알파를 가져가게 됩니다.

처음에는 수익률보다 경험 축적이 훨씬 중요합니다. 경험은 실력이 되고, 실력은 수익률이 됩니다. 더 큰 투자금을 보유한 뒤에 실전 투자에 뛰어든다는 것은 작은 자본으로 투자 경험을 쌓는 기회를 포기하는 것과 같습니다. 그래서 저는 종잣돈을 모으는 저축의 과정과 실전 투자를 병행하라고 권유합니다.

그렇다면 주식투자는 정확히 얼마나 위험한 걸까요? 제러미 시겔의 유명한 책 『주식에 장기투자하라』를 보면 역대 통계를 통해 주식에 투자할 때의 위험성을 측정합니다. 예금이자와 비슷한 형태인 채권에 투자할 경우와 주식에 투자할 경우를 시계열로 비교하는데요. 보유 기간이 1, 2년으로 짧을 경우 주식은 채권보다 훨씬 위험합니다. 손실의 확률이 꽤 있는 거죠. 그런데 5년 이상 투자를 유지할 경우 주식의 위험도는 채권과 비슷해지고, 평균적인 수익률은 당연히 더 높게 나옵니다. 10년 이상 투자할 경우 주식이 채권보다 많이 벌 확률은 80%가 되고, 20년 이상 투자하면 90%, 30년 이상 투자하면 거의 100%의 확률로 주식이 채권보다 우위를 가집니다.

개인적인 경험에 비춰 봤을 때 아주 큰 실수가 아닌 이상 어떤 기업의 주식을 3년 이상 보유하면 수익을 실현할 기회가 생겼습니다. 아주 큰 실수라 함은 대부분 '탐욕'입니다. 비싼 걸 알면서도 단기적으로 더 오를 것 같다는 막연한 기대와 그 배경에 놓인 조금이라도 빨리 돈을 벌고 싶다는 욕심 때문에 무리하게 추격 매수를 하는 것이죠. 이런 경우만 제외하면 수익의 크기가 문제일 뿐 손실을 입고 포기하는 경우는 거의 없었습니다.

제 경우 2014년 10월에 월급에서 카드값이 빠져나가고 그 외에도 이래저래 뜯기고 나서 간신히 남은 돈 60만 원으로 처음 주식을 시작했습니다. 당시 다른 현금은 전혀 없었습니다. 월급으로 몇 백이 들어와도 카드값, 공과금 등이 빠져나가면 간신히 손실을 면하는 수준이었습니다. 결혼 후 1년이 지났는데 저축액이 0이더군요. 60만 원은 매우 오랜만에 생긴 여윳돈이었습니다. 그 돈으로 바로 주식투자를 시작했습니다. 제가 태어나서 처음 산 종목은 -30%까지 손실 폭이 커지기도 했습니다. 당연하겠지만 내 원금보다 투자금이 줄어들 때 모든 사람은 후회를 합니다. 하지만 이 후회에서 굉장히 많은 것을 배웁니다.

그래서 저는 재테크를 시작할 때 손실을 두려워하지 말고 원금 보장을 신경 쓰지 말라고 말씀드리고 싶습니다. 투자 초기에 돈을 잃지 않는 것은 불가능합니다. 실수 없이 계속 수익이 나는 것은 절대 불가능합니다. 중요한 건 실수를 저지르고, 거기서 교훈을 얻고, 다음번에는 더 나은 투자를 하는 식으로 경험을 쌓으면서 '실력을 기르는 것'입니다. 오히려 투자금이 적을 때 손실의 경험을 해 보는 게 장기적으로는 유리합니다.

참고로 처음 사서 -30% 손실이 났던 그 종목은 1년 뒤에 19%의 수익을 보고 팔았습니다. 수익이 날 종목을 고르는 것보다 수익이 날 때까지 기다리는 게 더 어렵다는 것을 배운 소중한 경험이었죠. 이런 것들을 투자금이 적을 때부터 겪는 것이 중요합니다.

적금 들 때도 한 번에 왕창 입금하지는 않습니다. 월급이 들어올 때마다, 수입이 들어올 때마다 조금씩 나눠서 넣는 게 보통입니다. 이렇게 적금에 들 듯이, 저축을 하듯이 분할해서 주식을 매수하면 손실의 위험이 확연히 줄어듭니다. 주가는 단기적으로 오를 때도 있고 내릴 때도 있습니다. 하지만 장기적으로 봤을 때 우량한 기업의 주가는 우상향합니다. 그것을 전제로 매월 일정액을 추가해 주식을 매수하는 것이죠. 월 소득의 일정액을 정기적으로 주식 계좌에 이체하고, 분할해서 주식을 매수하는 것만으로도 손실 위험은 상당히 낮출 수 있습니다. 앞서 말씀드린 '코스트 애버리징 이펙트'입니다. 적립식 투자라고 보면 됩니다. 주식 가격이 비쌀 때는 적은 수의 주식을 매수하고 주식 가격이 쌀 때는 상대적으로 더 많은 수의 주식을 매수하는 것입니다.

가령 매월 10만 원씩 특정 주식을 산다고 하면, 해당 주식이 1만 2,000원일 때는 8주를 살 수 있습니다. 그런데 다음 달에 주식이 1만 원으로 하락했다면 10주를 살 수 있죠. 주가가 하락했을 때 같은 돈으로 더 많은 수의 주식을 살 수 있습니다. 평균을 내면 1만 1,000원이 아니라 1만 888원이 나옵니다. 112원 더 싸게 산 것이죠. 이것이 코스트 애버리징 이펙트라고 생각하시면 됩니다.

이렇게 적립식으로 보유 수량을 꾸준히 늘리는 것이 초보 투자자, 즉 종잣돈을 모으는 투자자의 정석 방법입니다. '장기적 우상향'을 기다리면 손쉽게 좋은 결과를 얻을 수 있습니다. 약간의 절약 정신과 느긋함만 있으면 됩니다.

그림1 코스트 애버리징 이펙트 예시

	1개월 차	2개월 차
주가	12,000	10,000
10만 원치 주식 수	8주	10주
평균 매수 단가	12,000	10,888
	(12000×8+10000×10)/(8+10)	

04 지금 소득으로도 가능할까요?

여태까지 뭔가 그럴듯한 이야기를 풀어 봤지만 현실은 냉혹하죠. 저축으로 1억을 모은다는 게 말처럼 쉽지는 않습니다. 일단 저축을 할 만한 연 소득이 발생해야 하죠. 이번에는 저축과 본업 소득과의 관계에 대해 잠깐 말씀드리고자 합니다.

초기에 저축과 투자를 병행할 때 한 가지 팁이 있습니다. 되는 대로 모으기보다 목표 액수를 정하는 것입니다. 1년 뒤 모아질 액수를 정하고 거기에 맞춰 저축액을 결정하는 것이죠. 쓸 것 쓰고 남는 걸 저축한다는 마인드로는 많이 모으지 못합니다. 저축액을 정한 뒤 남는 것만 쓴다, 이런 접근이 더 효과적입니다.

보통은 월 소득에 의존해 저축을 하므로, 12개월에 나눠서 돈을 모으게 됩니다. 1년 뒤 모이는 돈의 액수를 상징적으로 맞힐 수 있다면 추가적인 동기부여 효과를 얻을 수 있습니다. 앞서 1억 달성의 중요성을 말씀드렸죠. 1년 저축 계획도 이 목표를 기반으로 짜는 게 좋습니다. 개인적으로는 5년 동안 연 2000만 원씩을 목표로 설정하는 걸 추천드립니다.

연 2000만 원을 달성한다는 것은 월에 167만 원을 저축하는 것입니다. 167만 원을 자동이체로 돌려놓고 남은 돈으로 꾸역꾸역 사는 것입니다. 물론 쉽지 않을 것입니다. 아니, 상당히 힘들 것입니다. 그래서 집중력이 필요합니다. 단기적으로 죽었다 셈치고 최대한 독하고 신속하게 1억을 달성하시기 바랍니다. 현실적으로 연 소득 3500만 원 이상인 분들이 적용할 수 있는 이야기입니다. 크게 증가할 가능성도, 감소할 가능성도 없는, 안정적이지만 평범한 본업을 가진 분들 말입니다.

일단 이런 허들을 넘은 분들이라면 무슨 수를 써서라도 5년 안에 1억을 달성하시기 바랍니다. 1억 달성은 중요한 퀘스트입니다. 빠르게 해치우는 게 낫습니다. 그보다 늘어지면 지칠 수밖에 없습니다. 5년에 1억이면 연 2000만 원이 저축되어야 하는 것이죠. 월 100만 원(×12개월)으로 생활하고 300만 원 정도를 비상금으로 둔다면 한 사람의 연 생활비로는 현실적이라고 봅니다. 사실은 빠듯하죠. 하지만 아주 독하게 마음먹는다면 불가능하지는 않습니다. 좀 더 먼 미래를 위해 지금 달리는 게 낫습니다. 일단 1억 달성이 되면 마인드가 달라지기 때문에 투자자로서의 멘탈도 어느 정도 갖춰질 수 있습니다.

만약 연 3500만 원을 벌기 힘들다면 어떻게 해야 할까요? 냉정할 수 있지만 주식을 떠나서 연 소득을 높이는 게 우선순위입니다. 정확하게는 월 167만 원 저축이 가능한 수준을 갖추는 것이죠. 짠테크 커뮤니티를 보면 생활비를 독하게 컨트롤하는 분들의 이야기가 많습니다. 월 3, 40만 원으로 살면서 저축하는 분도 꽤 있습니다. 예전에 절약과 관련된 방송 프로그램에서도 많이 나왔죠. 월 생활비 100만 원은 여유 있는 편입니다. 어찌되었든 월 167만 원, 1년으로는 2000만 원으로 저축액을 맞추는 것을 중요한 미션으로 삼길 권합니다.

"다니는 직장이나 운영하는 장사가 너무 시원찮아요."

그럴 수도 있습니다. 일단은 개인의 성과를 더 높여야 합니다. 더 연봉이 높은 곳으로 이직을 하거나 장사를 할 때 매출액을 더 늘리는 것이죠. 만약 그게 불가능하다면 본업 외 추가 소득을 꾀할 수도 있습니다. 요즘은 잘 찾아보면 부업의 기회도 꽤 있습니다. 점점 더 N잡이 가능한 시대로 변화하고 있습니다. 부업의 요령을 알려 주는 유튜브나 강의 같은 콘텐츠도 많아졌습니다. 네이버 쇼핑을 통한 추가 소득 방법을 알려 준 신사임당님의 콘텐츠가 대표적이죠.

잘 찾아보면 수입을 늘릴 방법이 보일 겁니다. 세상이 참 불공평하고 냉정하지만 그래도 지금이 제일 낫습니다. 가장 기술이 발전한, 가장 기회가 많아진 지금이 새로운 수익을 창출하기 가장 효과적인 순간입니다. 배우려는 의욕과 약간의 시간이 있으면 가능합니다.

예외는 없습니다. 내 연 소득과 상관없이 1억은 최대한 빨리 만들어야 합니다. 연 소득이 모자라면 더 벌 방법을 찾아야 합니다. 연 소득이 충분하면 더 빨리 모으기 위해 달려야 합니다.

지금 내가 대학생이라면?

아직 사회생활을 시작하지 않은 그러나 미래에 대한 야욕(혹은 불안감)이 가득한 대학생은 어떨까요? 1억은 너무 큰 이야기입니다. 하지만 똑같은 논리로 스케일만 줄이면 됩니다. 바로 1000만 원의 벽을 뚫는 것이죠. 월 저축액을 84만 원으로 잡으면 1년에 1000만 원을 달성할 수 있습니다. 요즘은 최저 시급이 꽤 높아져 아르바이트로도 잘만 하면 가능합니다. 너무 과한가요? 그러면 1년에 500만 원을 목표로 하면 됩니다. 월 42만 원을 목표로 하는 것이죠.

학생 신분일 경우 저축 목표와 별개로 고민해 볼 외적인 요소들도 있습니다. 저는 대학생들에게 종종 "부모님이 최고의 레버리지"라고 말하곤 합니다. 특히 인턴 또는 알바로 처음 소득을 맛본 친구들은 사람 노릇 해야 할 것 같다는 생각에 용돈을 멈추는 경우가 더러 있습니다. 더 이상 부모님 손을 빌리면 안 될 것

같고, 양심에도 찔리고, 이제 생색도 내고 싶은 거죠. 약간 논란이 될 수 있는데요. 저는 다소 뻔뻔하더라도 받던 용돈은 꾸준히 받으라고 말씀드리고 싶습니다.

종잣돈은 빨리 모을수록 좋습니다. 그 과정에서 '수단과 방법'을 가리지 않아야 합니다. 장기적으로 보면 조금이라도 빨리 돈을 모아서 투자를 시작하고 자산을 늘리는 게 부모님께도 좋습니다. 좋든 싫든 나이가 들면 부모님께 더 큰 도움을 드려야 하는 순간이 반드시 옵니다. 오히려 지금 부모님께서 능력 발휘를할 수 있다면 그걸 레버리지로 활용하는 게 더 낫습니다. 최대한 빨리 경제적 자유를 이뤄서 보답을 하자고요.

하지만 한 가지 명심할 게 있습니다. 부모님께 큰돈을 빌리는 건 절대로 추천하지 않습니다. 사업이나 주식을 핑계로 말이죠. 일단은 내가 그런 도전을 할 그릇이 되는지부터 냉정하게 판단해야 합니다.

20대 때 크게 성공한 분들은 이미 10대 때부터 그런 끼가 보입니다. 거울을 보고 가슴에 손을 얹어 보시고요. 내가 10대 때 그런 끼가 있었는지 떠올려 보시기 바랍니다. 없었죠? 그러면 일 크게 벌리지 말자고요. 만약에 사업하고 싶으면 VC나 정부 지원 사업을 찾아가면 됩니다. 그게 훨씬 유리하고 안전하죠.

부모님 돈 빌려서 주식하는 것도 위험합니다. 친척들 중 주식으로 돈 날려서연락 끊긴 막내 삼촌 한 명씩은 다 있지 않나요? 내가 그 막내 삼촌이 될 수 있다는 것을 명심하시기 바랍니다.

물론 주식 공부 자체는 마다할 이유가 없습니다.

"취업 준비할 시간도 부족한데 주식투자를 어떻게 해요?"

이렇게 생각할 수도 있습니다. 물론 취업은 중요하죠. 그런데 취업의 본질은 무엇일까요? 바로 기업 활동의 구성원이 되는 것입니다. 주식투자는 기업 활동을 자본 차익으로 전환하는 것이죠. 내가 취업하고 싶은 회사를 공부하는 것과 내가 투자하고 싶은 회사를 공부하는 것은 근본적으로 다를 게 없습니다.

만약 대기업에 취직하고 싶다면 다른 취업 준비생 무용담 찾느라 시간 낭비할 필요가 없습니다. 차라리 그 시간에 내가 가고 싶은 회사의 사업보고서를 읽어 보기 바랍니다. 그 회사의 강점은 무엇인지, 장기적인 위기 요소는 뭔지, 어떤 인재를 필요로 할 것인지, 그 인재상과 나는 얼마나 어울리는지. 그런 것들을 투자 공부하듯이 리서치하면 취업 준비에도 큰 도움이 될 것입니다.

정리하자면 이렇습니다. 부모님께 돈을 빌리지는 말되 용돈은 마다하지 말자. 그리고 수단과 방법을 가리지 않고 종잣돈을 모으자. 그 과정에서 틈틈히 주식 공부를 이어 가며 취업 준비와 시너지를 내자. 이 정도만 해도 저보다 2만 배는 성공적으로 20대를 끝낼 수 있습니다.

05 주식과 도박은 뭐가 다른가요?

"저희 부모님이 주식은 도박이라고 하던데요?"

중년 이상의 연배에서는 주식을 도박이라고 말하고 학을 떼는 분이 꽤 있습니다. 아무래도 주식으로 혹독한 손실을 입은 아픈 경험이 있기 때문일 것입니다. 죄송스럽지만 단호하게 말씀드릴 수 있습니다. 주식을 도박이라고 하는 분들은 주식을 도박처럼 해 온 것뿐입니다. 주식투자는 도박처럼 하면 안 됩니다.

도박의 목적을 알면 간단하죠. 도박은 돈을 걸고 하는 '게임'입니다. 돈보다 게임이 중요한 것이죠. 유흥이 목적이지, 돈이 목적이 아닙니다. 카지노의 비즈니스 모델 또한 그렇게 설계되어 있습니다. 사람들에게 스릴을 제공해 주고 함께 게임을 합니다. 그리고 아주 정교한 설계를 통해 '미세한 승률 우위'를 가지고 지속적으로 수익을 냅니다. 그게 카지노의 비즈니스 모델입니다.

반면 주식투자는 스릴이 아니라 수익 창출이 목적입니다. 적어도 그렇게 되어야 정상입니다. 그런데 절대다수의 사람이 주식시장에 참여해 손실을 보는 방법만 사용합니다. 도박장에 들어선 것처럼 아무거나 사고 운이 좋아서 돈이 벌리기를 기대하는 것이죠.

도박이 투자와 다른 근본적인 차이점으로는 다음 세 가지를 들 수 있습니다.

1. 행운에 의존한다.
2. 한 방을 노린다.
3. 스릴과 유흥을 추구한다.

도박에서 잭팟을 터트리는 것은 전적으로 행운에 달려 있습니다. 그래서 거의 대부분이 도박장에서 손실을 보지만 만에 하나 벌어질 행운을 기대하며 스릴을 느끼죠. 그 스릴이 말초신경을 자극하고 카지노를 찾는 원동력이 됩니다.

가끔씩 가까운 자리의 누군가가 잭팟을 터트리면 어떻게 될까요? 기대하지 않았는데 한 방을 맞아 크게 벌어 나가는 사람들도 있죠. 환희에 차 소리 지르는 모습에 괜히 다른 사람들도 흥분을 느끼게 됩니다. 나에게도 저런 한 방이 온다면 얼마나 좋을까? 희박하지만 잔

뜩 부풀어 오른 꿈은 도박장을 나서기 힘들게 만듭니다.

그런데 말입니다. 도박장에서 느끼는 강렬한 감정들, 그런 감정에 이끌려 도박장을 찾는 사람들의 심리는 모두 카지노가 의도하고 설계한 것입니다. 결국 시간이 갈수록 카지노가 이겨서 벌어 가는 돈이 많아집니다. 카지노장의 모든 게임은 카지노 측이 미세한 우위를 가지도록 설계되어 있습니다. 카지노의 비즈니스 모델을 보면 '홀드율'이라는 표현이 나오는데요. 고객들이 도박을 위해 걸어 놓은 판돈 중 카지노가 차지하는 금액의 비율, 즉 카지노가 고객을 상대로 돈을 딴 비율을 뜻합니다. 카지노 회사의 이익 실적을 추적하다 보면 홀드율이 낮아질 때도 높아질 때도 있지만 손해를 보는 경우는 거의 없습니다.

그런데도 왜 사람들은 도박장을 찾는 것일까요? 도박장에 온 사람들은 돈을 잃을 각오를 하기 때문입니다. 도박을 직업으로 가진 사람은 거의 없습니다. 신나게 베팅을 하고 흥분을 느끼는 게 진짜 목적이죠. 바꿔 말하면 신나는 베팅과 흥분은 돈을 잃는 길입니다. 하지만 스릴 넘치는 즐거운 시간을 보냈기 때문에 사람들은 도박장에서의 경험을 재미있게 기억합니다. 놀이동산에 와서 돈을 쓰고 간 것과 다를 바 없는 것이죠.

그렇다면 여기서 중요한 질문을 하나 하겠습니다.

"여러분은 주식시장에 놀러 왔나요, 아니면 돈을 벌러 왔나요?"

주식시장에서 유흥을 추구한다면 어떻게 될까요? 스릴 있게 베팅하고 흥분을 즐기면 어떻게 될까요? 공부와 분석이 아닌 행운에 의존해 돈을 건다면 어떻게 될까요? 도박장에서의 결과와 동일합니다. 당연히 시장이 우리의 돈을 빼앗아 갑니다. 주식판에서는 흥분한 사람들의 돈이 침착한 사람들의 지갑으로 이전됩니다. 그렇기 때문에 우리가 주식시장에서 투자를 통해 수익을 내려면 위에 열거한 도박의 특징과 반대로 할 필요가 있습니다.

1. 행운이 아닌 확률에 의존한다.
2. 한 방이 아닌 지속적인 수익을 추구한다.
3. 스릴이 아닌 평온함을 추구한다.

돈을 버는 게 목적이라면 유흥을 추구하듯 행동하면 안 됩니다. 카지노의 손님이 아니라 하우스의 입장을 떠올리는 것이죠. 카지노가 고객을 상대하듯이 주식투자를 하면 됩니다. 투자를 할 때 지속적으로 돈이 들어올 수 있는 방법을 찾아야 합니다. 말하자면 올바른 투자 판단을 내리고 그 판단에 맞게 자금을 실어야 합니다.

물론 그렇게 했음에도 돈을 벌지 못할 때가 분명 있습니다. 확률의 싸움이기 때문이죠. 51%의 확률로 이긴다면 49%의 패배를 감내할 필요도 있습니다. 하지만 게임을 하면 할수록 조금씩 수익이 쌓입니다. 크게 벌 때도 있고, 잃을 때도 있을 것입니다. 그럴 때마다 올바른 판단을 계속 연마하며 꾸준히 투자 케이스를 쌓아야 합니다. 경험을 쌓다 보면 수익이 나는 빈도가 높아지고 투자금이 커지게 됩니다. 그렇게 점점 재산이 불어나는 것이죠. 우리는 행운과 스릴이 아니라 돈을 벌 수 있는 확률에 의존해 투자를 해야 합니다.

명심해야 하는 것은 '지속적 수익'입니다. 단 한 번의 베팅으로 팔자를 고칠 수는 없습니다. 지속적으로 옳은 판단을 내린다면 주식시장을 떠날 필요가 없습니다. 계속해서 내 투자금이 더 큰돈을 벌어다 주기 때문이죠.

그래서 주식투자를 할 때는 한 번의 베팅으로 인생을 바꾸겠다는 욕심을 버리고, 지속적으로 수익이 나는 구조를 만들어야 합니다. 흔히 아시는 복리의 효과를 믿는 것이죠. 적은 수익이라도 누적되어 복리로 쌓이다 보면 시간이 지났을 때 큰 자본 증식을 경험할 수 있습니다.

때로는 올바른 포지션을 취했더라도 잃습니다. 멘탈을 컨트롤하지 못하는 경우입니다. 장기적으로는 옳은 투자 판단이라도 단기적으로는 말도 안 되는 하락을 거칠 수 있습니다. 종종 주가는 큰 하락을 거친 뒤 상승하곤 합니다. 하락의 시기에 스릴에 휘둘리고 마음을 다잡지 못하면 어떻게 될까요? 저점에서 팔고 도망치게 됩니다. 이 경우 미래에 있을 수익의 기회를 스스로 버리게 됩니다.

그래서 항상 마음의 평온함을 추구해야 합니다. 보유하고 있을 때

마음이 편한 기업을 찾고, 그 기업이 돈을 벌 때까지 동행할 수 있어야 합니다. 일시적으로 주가가 떨어졌더라도 미래의 전망을 믿고 편안히 기다릴 수 있어야 합니다. 당연하겠지만 편안한 마음을 가질 정도로 성실하게 분석을 해 둬야겠죠.

이렇듯 주식시장과 도박장은 미묘한 공통점과 차이점을 가지고 있습니다. 요즘은 많이 줄어들긴 했지만 아직도 주식은 도박이라며 두려움을 가진 분들이 있습니다. 하지만 그 두려움의 근본인 도박 심리를 이해하고 역이용할 수도 있습니다. 도박과 주식의 공통점을 이해하고, 도박을 하는 고객이 아닌 돈을 따는 카지노 하우스의 관점에서 주식투자에 임하면 되는 것이죠.

2장

주식투자 이해하기

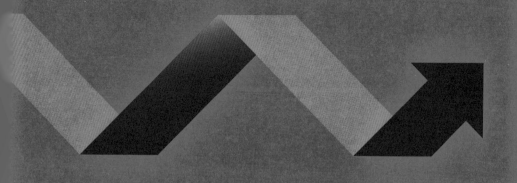

수영복으로 갈아입었다면 이제 스트레칭을 해야겠죠?

2장에서는 주식투자에 관해 최소한으로 알아야 하는 부분을 이야기해 보겠습니다. 주식과 관련해 궁금했지만 물어보기 애매한 질문들이 있을 것입니다.

주가는 왜 올랐다가 내렸다가 하는 걸까요? 이유가 있긴 할까요? 단기투자가 맞을까요, 장기투자가 맞을까요? 어디까지가 단기투자고 어디까지가 장기투자일까요? 주식을 일단 샀다면 얼마나 오랫동안 보유해야 하는 걸까요?

실제로 수익을 내기 위한 방법에 앞서 주식시장 자체에 대해 이해해야 합니다. 개미 투자자로서 주식판에 뛰어든다는 것이 어떤 의미인지도 고민해 볼 필요가 있습니다. 이런 것들을 먼저 확인해야 본격적으로 주식에 뛰어들 준비가 되는 것이죠.

01 주가가 오르내리는 원리

어떤 기업은 돈을 굉장히 잘 벌어 왔고 실적도 잘 나오는데 주가는 전혀 오르지 않습니다. 반대로 어떤 기업은 실적이 좋지 않고 심지어 적자를 지속하는데도 주가가 오릅니다. 일정하게 돈을 버는 기업도 있습니다. 올해도 100억, 작년에도 100억, 그 전해에도 100억…. 그런데 작년에는 주가가 5만 원이었고, 지금은 주가가 3만 원입니다. 어떻게 이해해야 할까요?

주가를 움직이는 핵심 요소는 돈과 심리입니다. 돈은 기업의 실적, 심리는 기업의 주식을 사고파는 사람들에게 달려 있습니다. 주식의 가격 변화는 이 두 가지가 밀당을 하면서 만들어집니다.

돈은 기업의 유능함에 달려 있습니다. 얼마나 장사를 잘하는지,

앞으로 얼마나 잘할 것인지, 그를 위해 임직원들은 어떤 노력을 할 것인지 등등이죠. 반면 심리는 주식을 사고파는 투자자(+투기꾼)들에게 달려 있습니다. 이 기업이 앞으로 돈을 잘 벌까? 못 벌까? 주가가 오를까? 아닐까? 이런 것을 예상하는 사람들의 마음이 반영되는 것이죠.

돈과 심리는 각각 다시 두 개로 쪼갤 수 있습니다. 먼저 기업 실적 기반의 돈은 아래와 같이 나뉩니다.

1. 버는 돈(이익)
2. 쌓인 돈(자산)

이번 분기 또는 올해에 기업이 벌어들이는 돈이 있고, 작년 또는 재작년에 벌어서 미리 쌓아 놓은 돈이 있죠. 올해에 기업이 '버는 돈'은 내년에 '쌓인 돈'이 되어 기업의 가치에 보탬이 됩니다.

심리도 두 개로 쪼개서 설명할 수 있습니다.

3. 기대 심리(컨센서스^{concensus})
4. 군중심리(추세 추종$^{trend\ following}$)

우선 기업이 돈 버는 능력을 분석하여 미래를 예상하고 기대하는 심리가 있습니다. 그리고 주가 변화 자체의 방향성을 따라가면서 군중이 집단적으로 일으키는 심리가 있습니다. 최종적인 주식의 시세는 이렇게 기업의 돈 버는 능력과 그 능력을 추측하는 사람들의 심리가 반영되는 가격 맞히기 게임으로 형성됩니다.

그러다 보니 주가 변화에 따른 추세에 대해 군중심리가 과도하게 작용하는 경우가 있습니다. 실제 기업이 돈 버는 능력치의 변동을 정상 범위라고 한다면 그 이상으로 과도하게 주가가 높아지는 경우도 있고, 정상 범위 이하로 주가가 폭락하는 경우도 있습니다. 사람의 심리가 항상 모멘텀을 만들어 주기 때문에 정상 범위에 머무르는 경우가 외려 드물 정도입니다.

그림2 정상 범위의 주가와 정상을 벗어난 주가

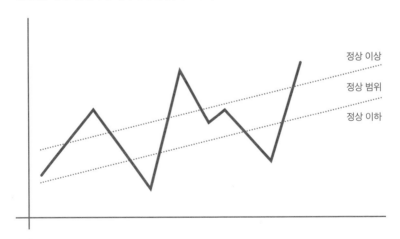

결국 시세 차익을 내는 최고의 방법은 정상 범위 이하로 주가가 내려간 상황을 노리고, 정상 범위 이상으로 주가가 높아졌을 때 팔고 나오는 것이죠. 하지만 이런 정상 범위 너머의 영역은 카오스, 즉 물리적 혼돈 상태이기 때문에 고점을 찍거나 저점을 찍는 순간의 임계점은 논리적 예측이 불가능합니다.

어떤 기업이 5년 동안 돈을 버는 과정과 주가가 거기에 의해 변동하는 과정을 가상의 예시로 보여 드리겠습니다.

한 기업이 첫해에는 100억, 2년 차에는 200억, 3년 차에는 -100억, 4년 차에는 300억, 5년 차에는 100억을 벌었다고 가정하겠습니다.

그림 3 **연도별 이익**

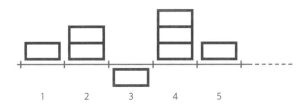

기업의 통장에는 돈이 쌓이겠죠? 이렇게 쌓이는 돈에 따라 기업의 가치가 또 달라지는 것이죠.

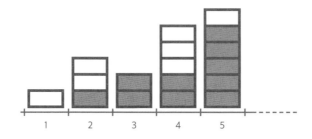

그림 4 이익의 누적이 반영된 연도별 기업 가치

장기적으로 많은 기업의 주가가 우상향하는 이유도 여기에 있습니다. 적자가 나지 않는 한 쌓이는 돈이 늘어나기 때문이죠. 벌어 놓은 돈은 어디 가지 않으니까요. 그렇다고 기업 가치의 변화가 그대로 주가에 반영되지는 않습니다. 주가는 '시장 내에서' 가격이 정해지기 때문에 주식을 사고파는 사람들의 마음에 따라 시세 변화가 생깁니다.

특정 주식을 사고 싶은 사람이 많아지면 그 주식이 인기가 높아지면서 가격이 올라가고, 사고 싶은 사람이 적어지고 팔고 싶은 사람이 많아지면 그 주식의 인기가 낮아지면서 가격이 떨어지죠. 최종적인 주식의 시세 변동은 이런 수요와 공급에 따른 거래자들의 심리에 의해 결정됩니다.

이렇게 기업에 대한 기대 심리에 따라 주식의 인기와 가격이 변할 때, 변하는 가격 자체에 반응하는 군중심리가 더해집니다. 이 주식

그림5 기업 가치에 따른 시세 변동

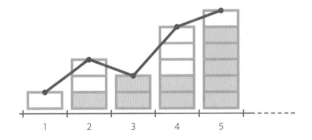

의 가격이 오르고 있으니 앞으로도 오르겠지? 이 주식의 가격이 떨어지고 있으니 앞으로도 떨어지겠지? 어라, 오르는 속도가 예사롭지 않네. 앞으로 더 많이 오를 것 같아! 뭐야! 가격이 폭락하네. 이거 탈출해야겠는걸?

그림6 군중심리가 반영된 시세 변동

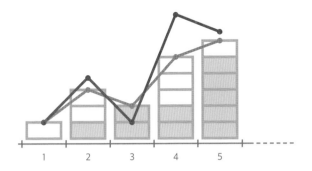

주식 공부를 하고 시세 변동을 계속 관찰하다 보면 '오버 슈팅'이 나 '언더 슈팅'이라는 표현을 듣게 되는데요. 주가 변화에 따른 추세에 대해 군중심리가 과도하게 작용하는 경우를 말합니다. 실제 기업의 상황이나 미래의 전망과도 상관없이, 정상 범위 이상으로 과도하게 주가가 폭등하거나 폭락합니다. 한마디로 미친 것이죠. 이런 경우는 생각보다 정말 자주 일어납니다.

앞에서 설명드린 버는 돈, 쌓인 돈, 기대 심리, 군중심리 이런 요소들이 동시다발적으로 작용하면서 매 시간 매 초마다 주가에 반영되기 때문에 우리가 차트를 통해서 보는 시세는 이토록 경박스럽게 움직이는 것이죠.

그래서 주식시장에 경험이 많지 않은 분들이라면 심리 변화를 통한 시세 차익을 내려고 시도하지 않는 게 좋습니다. 가급적이면 숫자를 기반으로 분석할 수 있는 돈의 변화, 즉 기업의 돈 버는 능력을 고려해 매매를 하는 것이 좋습니다. 상식을 잃지 않아야 상식 밖의 영역을 인지할 수 있습니다.

02 주식을 매매하는 두 가지 스타일

주식투자를 조금이라도 시작해 봤다면 이런 고민이 생길 겁니다.

'단타가 맞을까, 존버가 맞을까?'
'불타기를 해야 할까, 물타기를 해야 할까?'
'한 번 샀다면 대체 언제 팔아야 할까?'

이런 질문들에 대해서는 아무도 시원하게 답을 주지 못하죠. 서로 자신의 경험에 비춰 이게 맞다 저게 맞다 목에 핏대를 세웁니다. 사실은 모두가 틀렸습니다. 주식투자에서 내 말이 맞다고 강력하게 우기는 사람을 만났다면? 일단 멀리 하시기 바랍니다. 오래 겪어 볼수록 깨닫습니다. 투자에서 절대적인 건 없습니다.

'단타와 존버'에 대한 답을 구하기 위해서는 먼저 주식을 매매하는 상반된 스타일을 이해해야 합니다. 하나는 '트레이딩trading'이고, 다른 하나는 '인베스팅investing'입니다. 그렇다고 트레이딩은 단타고 인베스팅은 존버라는 식으로 말할 수는 없습니다. 흔히 트레이딩과 인베스팅을 두고 단기투자와 장기투자라고 생각하는데요. 단순히 투자 기간만 생각하면 오해할 수 있는 부분이 생깁니다. 속성을 정확히 이해하지 않으면 단타를 치건 존버를 하건 망할 수밖에 없습니다. 수백 번 매매했는데 정작 투자금은 차례상 대추처럼 쪼그라들 수 있습니다. 대책없이 존버만 하다가 늙어 죽도록 본전도 못 찾을 수도 있죠.

트레이딩과 인베스팅의 차이를 이해하기 위해 이전 장의 내용을 떠올려 보시기 바랍니다. 주가가 움직이는 두 가지 힘이 있다고 말씀드렸습니다. 기억나시나요? 자전과 공전? 밀물과 썰물? 탄성과 마찰? 주가를 움직이는 데는 '돈과 심리'가 작용합니다. 기업의 돈을 버는 능력 그리고 기업의 능력에 대한 사람들의 기대감, 이 두 가지죠. 장기적으로 보면 주가는 기업의 돈 버는 능력에 맞춰 움직입니다. 하지만 단기적으로 보면 주가는 사람들의 기대 심리에 따라 더 많이 출렁거리죠.

이제 트레이딩과 인베스팅의 정확한 차이를 확인해 보겠습니다. 인베스팅은 주가 변화의 장기적 속성, '기업의 돈 버는 능력'을 따릅니다. 그리고 트레이딩은 주가 변화의 단기적 속성, '사람들의 기대 심리'를 따릅니다.

이 둘의 차이를 더 알아보기 위해 인류가 먹이를 구하는 기초적인 방법인 수렵(사냥)과 농경(농사)을 떠올려 보겠습니다. 주식시장에서 시세 차익은 자본주의사회의 먹이니까요. 트레이딩은 사냥입니다. 심리 변화에서 오는 단기적 주가 변동은 사냥감들처럼 펄쩍펄쩍 날뛰죠. 굉장히 역동적이고 수시로 변화합니다. 그래서 대응 속도가 빨라야 합니다. 그리고 어디로 움직일지 방향을 정확히 맞혀야 성공할 수 있습니다. 한 번 사냥감을 놓치면 어떻게 해야 할까요? 주저앉아 좌절할 필요가 없습니다. 원래 사냥은 사냥감을 수시로 놓치는 작업이니까요. 침착하게 숨을 고르고 다시 다른 사냥감을 찾으러 가면 됩니다. 반면 인베스팅은 농사입니다. 무슨 작물을 심을지, 어떤 품종이 열매를 많이 맺을지를 시간을 들여 신중히 골라야 합니다. 씨앗을 심고 하루 이틀 기다린다고 결실이 나오지 않습니다. 충분히 자라고 열매가 잘 익을 때까지 기다릴 줄 알아야 합니다. 기다린답시고 팔짱 끼고 놀기만 하면 안 되겠죠. 양분과 햇빛과 물이 잘 제공되는지 계속 체크하고 신경 써야 합니다.

트레이딩에서의 사냥감은 '군중심리'입니다. 특정 종목에 사람들이 어떠한 마음을 가질지를 생각하고 단기적인 심리 변화에 집중하여 그 방향성을 맞힙니다. '당분간은 이 종목에 수많은 사람이 열광하겠구나' 같은 기대가 있으면 맹렬히 오르는 주식도 적극적으로 매수합니다. 심리는 주가에 반영되고 주가는 심리에 영향을 주죠. 오르는 속도 자체가 더 많은 매수세를 부르기 때문입니다. 반면 추세가 꺾이고 주가 방향이 급격히 전환된다면 어떻게 할까요? 사람들의 심리가 변화했다고 생각하고 깔끔하게 투자를 종료합니다. 수익률이 낮아지거나 심지어 손실로 전환되었다고 해도 말이죠. 사냥꾼들은 '소탐대실'을 피하자는 교훈을 항상 마음에 두고 트레이딩을 합니다. 인베스팅의 수확물은 '기업의 성장'입니다. 잘 고른 기업이 순조롭게 돈을 벌고 결과적으로 가치도 올라간다면? 주가는 누가 말리더라도 알아서 잘 갑니다. 기본 전제는 기업의 과거보다 미래가 더 좋아진다는 것입니다. 대신 기업의 미래가 가시화될 만큼 시간이 걸리겠죠. 그래서 농사꾼들은 '인내의 결실'이라는 교훈을 잊지 않습니다.

그림 7 트레이딩과 인베스팅의 차이

	트레이딩Trading	인베스팅Investing
핵심	심리	기업
유사한 방법	사냥	농사
특징	군중심리를 이용	기업의 성장을 공유

사람들이 하는 대표적인 오해가 있습니다. '빨리 매매하면 빨리 돈을 번다'는 것입니다. 실력이 없는데 매매만 자주 하면 어떻게 될까요? 틀린 투자는 돈을 잃습니다. 빨리 사고팔아 봤자 더 빠른 속도로 돈을 잃을 뿐입니다. 우리나라의 수백만 개 주식 계좌에서 돈을 잃는 사람들은 대부분 이렇게 합니다. 매매의 속도가 중요한 게 아니라 옳은 매매를 하는 게 중요합니다. 반대로 말하면 틀린 매매를 하지 않는 것이죠. 단기 수익이건 장기 수익이건 손실을 잘 방어해야 결과적으로 부자가 됩니다.

아직도 이 두 스타일에 대해서는 갑론을박이 있습니다. 하지만 그것은 돈을 벌지 못하는 사람들 사이에서의 논쟁입니다. 어떤 방법으로든 돈을 벌고 있다면, 다른 사람이 어떤 스타일을 가지고 있든 전혀 궁금해 하지 않습니다. 내 돈 벌기 바쁜데 남 스타일에 왜 관여할까요? 자기 스타일에 대한 확신이 없는 사람이 자신과 다른 스타일을 경계합니다. 이건 마치 공부도 안 하고 시험 성적도 별로인 학생이 성실히 성적을 내는 다른 학생에게 훈수를 두려는 것과도 같습니다.

실제로 주식 공부를 하며 수많은 고수 투자자를 만나 봤습니다. 그리고 하나의 공통점을 발견했습니다. 그분들 역시 트레이딩과 인베스팅을 넘나들지만 기본적으로는 기업을 보는 투자, 인베스팅을 추구한다는 것입니다. 짧은 호흡으로 매매를 하더라도 돈 버는 능력이 검증된 기업에 한정합니다. 제대로 공부가 되었고 비즈니스가 이해되는 기업일 경우에만 일시적 심리 변동을 활용해 트레이딩을 합니다. 그래야 혹여 위기 상황이 오더라도 침착하게 대응할 수 있으니까요.

대응 능력은 경험 없이는 절대로 얻어지지 않습니다. 아무리 똑똑하고 지식을 쌓은 사람이라도 일단 주식에 입문했다면 위기를 맞이합니다. 특히 '상식 밖의 상황'을 몇 번 마주하고 나면 크게 당황합니다. 주식시장에서는 상식 밖의 상황이 수시로 발생합니다. 지식이 아니라 기지로 풀어 나가야 하는 경우도 있습니다.

실내 수영장에서 아무리 열심히 수영 연습을 했다고 하더라도 바다 수영을 처음 하면 많이 다르죠. 수시로 파도와 부딪혀 보고 몸으로 감을 익히고 경험으로 극복해야 합니다. 주식시장에서 실제 상황을 경험하는 것도 이런 식입니다.

초보분들에게는 인베스팅을 권해 드립니다. 트레이딩의 경우 위에서 말한 경험과 대응 능력이 정말 중요합니다. 바꿔 말하면 시장의 흐름에 대한 경험이 없으면 활용할 수 없습니다. 경험 없이 매수매도를 자주 하게 되면 필연적으로 손실 위험이 커집니다. 그래서 처음에는 매매를 자제하고 시장에 대한 감을 익힐 때까지 안전한 방법으로 투자를 하는 게 낫습니다.

거기에 트레이딩의 더 큰 위험은 경쟁입니다. 트레이딩은 필연적으로 대결 구도를 맞이하죠. 사냥감이 있으면 여기저기서 잡으려고 들어오니까요. 단기에 사고팔 때는 다음 사람에게 더 높은 가격을 떠넘기고 나와야 합니다. 그래서 눈치 싸움이 굉장히 치열합니다. 게다가 이미 트레이딩 쪽에는 날고 기는 고수가 많습니다. 기관에서 일하는 전문 트레이더도 많고, 심지어 이제는 AI(인공지능)도 트레이딩에서 실력 발휘를 하고 있습니다. 초보들이 주식시장에 대한 경험 없이 트레이딩에 뛰어들면 무슨 일이 일어날까요? 호구 잡히고 설거지당하고 돈 잃고 깡통 차기 딱 좋습니다. 정확히 저 순서대로 망하게 됩니다. 결국은 포기하고 접는 경우가 대부분입니다.

안전한 방법은 기업분석에 기반한 인베스팅입니다. 상식적으로 생각해 보시죠. 사냥과 농사 중 뭐가 더 안전해 보이시나요? 농작물이 우리에게 전력질주해 가슴팍을 들이받거나 팔다리를 물어뜯진 않죠. 농사 같은 투자, 인베스팅을 추구하면 지루할 수는 있습니다. 하지만 손실 위험을 낮추며 시장에 대해 배워 갈 수 있습니다. 트레이딩 감각은 다양한 기업의 주가 변화를 접하면서 서서히 터득됩니다. 기업 자체를 공부하는 게 우선입니다. 특정 기업을 오래도록 모니터링하고 주가 변화를 추적하면 실력이 쌓입니다. 실력이 쌓이면 자연스럽게 투자 스타일을 확장할 기회도 생길 것입니다.

천안에서 양재동 사이, 경부고속도로 어딘가에 이런 표어가 있었습니다.

'5분 먼저 가려다 50년 먼저 간다.'

운전에만 해당되지 않습니다. 투자에도 똑같이 적용됩니다. 주식 투자에 발을 들였다면, 여기서 돈을 벌어 갈 능력이 생긴다면, 남은 생애 동안 주식시장에 머무를 것입니다. 너무 서두르지 마세요. 조급할 이유가 전혀 없습니다.

03 한 번 사면 언제까지 갖고 있어야 하나요?

시세 차익을 내는 원리에 따라 트레이딩과 인베스팅이 구분되긴 하지만, 실전에서 투자를 해 보면 두 개를 명확하게 구분하기 힘들 것입니다. 각각의 스타일로 양분된다기보다는 두 스타일이 그때그때 섞이며 다양한 세부 케이스가 파생된다고 볼 수 있습니다.

그래서 좀 더 구체적으로, 실제 투자 스타일에 맞는 적정 투자 기간을 세분화시켜 보겠습니다. 절대적인 공식은 아니며, 제 투자 사례와 주변 개인 투자자들의 유형을 참고해 구분한 경험론입니다.

우선 투자 보유 기간을 다음과 같이 나눠 보겠습니다.

A. 팔지 않는다

B. 3~5년 이상 보유

C. 1~3년 보유

D. 3개월~1년 보유

E. 1개월 이내 보유

F. 당일 매매

G. 초단위 매매

우선 F와 G는 앞서 설명드린 트레이딩과 인베스팅 중 정석적 의미의 트레이딩입니다. F 구간인 당일 매매의 경우 데이 트레이딩이라고도 부르죠. 그날그날 쏟아지는 각종 뉴스 또는 수급/심리에 따른 시세 변동 등 하루 안에 벌어지는 주가 변화를 노립니다. 그리고 거래 수수료보다 조금 이득을 볼 수 있는, 작고 짧은 시세 차익을 목표로 합니다.

G 구간인 초 단위 혹은 밀리초 단위의 매매는 컴퓨터의 영역입니다. 거대 금융사들은 데이터 분석과 알고리즘을 통해 아주 작은 수급 변화도 캐치하고자 합니다. 고반복으로 미세한 수익을 수없이 쪼개서 챙기려는 목적을 갖고 있습니다.

그리고 A의 경우는 투자라기보다는 사업에 가깝습니다. 동업이라고 볼 수도 있겠죠. 전 세계에 상장된 수만 개의 기업 중 끝까지 함께할 기업을 바로 선택할 수 있을까요? 어지간한 확신과 믿음이 없으면 힘들겠죠. 직접 사업하거나 내부 사정을 훤히 알 수 있는 친지의 기업이 아닌 경우 2, 30년을 함께하기는 쉽지 않습니다.

나머지 B부터 E까지는 기업분석이 포함된 투자, 리서치 베이스 인베스팅으로 볼 수 있습니다. 이제 남은 구간들을 하나씩 살펴보겠습니다.

B. 3~5년 이상 보유 : 메가 트렌드, 패러다임 변화

수년에서 10년에 걸쳐 변화되는 큰 트렌드에 투자하는 방법입니다. 무엇이 메가 트렌드일까요? 가령 지금보다 전기차가 늘어날 것이라는 건 부인할 수 없는 사실이죠. 친환경 발전이 늘어난다는 것은 필연적이죠. 하지만 이런 변화에는 오랜 기간이 소요됩니다. 때문에 중단기 변동성에 휘둘리면 안 됩니다. 5년, 10년 뒤 좋아질 기업을 골랐는데 1년도 안 되어 파는 게 맞을까요? 긴 기간 동안 벌어지는 주가의 등락을 견디기 위해서는 매수 매도도 오랜 기간에 걸쳐 진행되어야 합니다. 월급의 일정량을 적립식으로 꾸준히 모으는 형태가 적합하겠죠.

C. 1~3년 보유 : 단기 트렌드, 특정 산업의 업황 변화

C는 B보다는 좀 더 짧은 트렌드 또는 특정 산업군에서 벌어지는 업황의 변화에 맞춘 투자입니다. 가령 COVID-19를 둘러싸고 벌어진 변화가 좋은 예가 되겠죠. 질병 팬데믹으로 인해 건강

기능식품 등 면역력 향상에 대한 수요가 늘어날 것이다. 혹은 백신 접종이 시작되고 정상화가 되면서 여행 등의 억압된 소비 수요가 폭발할 것이다. 경제 정상화를 위해 각국이 정책적 투자를 크게 늘릴 것이다. 다양한 파생 아이디어가 나올 수 있습니다.

개인적으로는 이런 길이의 투자를 선호합니다. 성격에 따라 차이는 있지만, 1~3년 정도면 마음 편하게 보유할 수 있습니다. 기업의 투자 아이디어가 잘 맞으면 꽤 괜찮은 수익을 줄 수도 있습니다. 대신 이런 호흡의 투자는 매수 시점이 매우 중요합니다. 아니, 정확하게는 가격을 찾는 것이죠. 기업의 가치가 적절하게 평가되어야 하며, 비싸지 않은 가격, 일시적으로 떨어진 가격의 기업에만 선별적으로 투자하는 게 좋습니다.

D. 3개월~1년 보유 : 분기별 실적 모멘텀 투자

D는 C보다 좀 더 집요한 공부가 필요합니다. 상식적인 인베스팅 방법에 트레이딩의 묘미도 섞여 있습니다. 투자 아이디어는 단기적인 촉매에 기반합니다. 신제품이나 히트 제품에 의한 단기적 수익성 향상을 들 수 있습니다. 다음 분기, 길어도 1년 이내에 실적의 개선이 일어날 수 있는 아이디어를 찾는 방법입니다.

이런 형태의 투자에서는 발품이 중요합니다. 수출 통계를 통해 주요 수출품의 실적 지표를 확인하기도 하고, 관광객의 입국 통계를 보기도 합니다. 또는 발로 뛰면서 매장에 손님이 늘어나는 정도를 확인하거나 심지어는 공장을 드나드는 트럭의 숫자를 매일 체크하는 분들도 있습니다. 당연히 더 어렵고 귀찮지만 그만큼 디테일하기 때문에 투자 아이디어를 더 정교하게 잡을 수 있습니다. 투자금 회수 기간도 줄일 수 있습니다.

▎E. 1개월 이내 보유 : 이벤트 드리븐^{Event driven} 투자

분기별 실적 모멘텀 아이디어를 더 타이트하게 잡거나 시장의 단기 급락 같은 특정 이벤트가 발생했을 때 활용할 수 있는 방법입니다. COVID-19 상황이나 금융 위기 등 일시적으로 폭락한 시기에 잽싸게 투자금을 투여하고, 회복 직후에 깔끔하게 이익을 실현한 투자지도 꽤 있었습니다. 혹은 게임회사나 엔터테인먼트 등의 흥행산업에서 흥행작 혹은 흥행 연예인의 데뷔 스케줄을 활용해 투자를 하기도 합니다. 그 외에도 정부의 정책 변경 등 명확한 사회변화가 발생하는 이벤트에 맞춰 투자할 수도 있습니다.

단 이런 방법은 오래도록 주식시장에서 경험을 쌓은 분들에게 더 열려 있습니다. 세상에 일어나는 뉴스들을 즉각 투자 아이디어로 전환시킬 수 있는 내공이 필요하죠. 게다가 많은 기업에 대해 사전 공부가 되어 있는 분들만 활용할 수 있습니다. 오랫동안 특정 기업을 모니터링했다면 이벤트가 발생했을 때 신속히 진입하고 수익을 낼 수 있습니다.

그림 8 **주식 보유 기간별 특징**

	A	B	C	D	E	F, G
보유 기간	팔지 않음	3~5년	1~3년	3개월~1년	1개월 이내	1일 이내
주요 아이디어	끝까지 함께할 회사	메가 트랜드, 패러다임의 변화	단기 트렌드, 업황 변화	분기별 실적 모멘텀	이벤트성 이슈	수급/ 트레이딩
유의 사항	투자보다 사업에 가깝다.	변동성에 휘둘리면 안 된다.	가치 평가가 중요하다.	많은 발품을 필요로 한다.	경험이 필요하다.	초보에겐 맞지 않다.

멀리 가는 투자일수록 트렌드와 기업에, 짧게 가는 투자일수록 심리와 수급에 집중한다고 보시면 됩니다. 트레이딩과 인베스팅은 구분이 명확한 흑과 백이 아닙니다. 100%의 흑과 100%의 백 사이에 존재하는 무수한 회색 같은 것이죠.

단 초보자분들에게 단기적 매매는 추천드리지 않습니다. 눈치 싸움이 중요하고 주가의 추세와 인기가 영향을 많이 끼칩니다. 초보의 경우 (당연할지도 모르지만) 그 눈치 싸움의 희생양이 되는 경우가 훨씬 많습니다. 우스갯소리로 내가 사면 떨어지고 내가 팔면 올랐다는 이야기를 하죠. 이것은 모두 눈치 싸움에서 졌다는 뜻입니다. 특히 당일 매매를 시도한다면 거대 금융기관의 날고 기는 트레이더들에게 밥이 되기 딱 좋습니다. 주식 입문자가 초 단위 매매를 해 보겠다고 까불면 어떻게 될까요? 〈매트릭스〉와 〈터미네이터〉에 나오는 기계 문명의 위협을 피부로 실감할 수도 있습니다.

장기 매매도 어렵긴 마찬가지입니다. 팔지 않는 A 영역의 대표 주자가 워런 버핏이죠. 버핏이 수십 년을 투자한 세계 최고의 투자자임을 명심하시기 바랍니다. 평생을 동행할 정도로 가치 있는 기업은 흔치 않고, 초보는 그런 장기 동행의 가치가 있는 기업을 한 번에 찾기 어렵습니다. 내공을 쌓고 안목을 기를 시간이 필요합니다.

3~5년 이상의 중장기투자도 신중히 생각하는 게 좋습니다. 산업 사이클이 긴 기업은 수년 동안 하락하기도 합니다. 기업을 잘못 찾으면 시간을 오래 낭비할 수 있습니다. 결론적으로 초보 투자자의 경우 C와 D의 사이, 3개월에서 1년 또는 1년에서 3년 사이로 보유하는 게 좋지 않을까 생각됩니다. 학습 효과 때문입니다. 너무 짧거나 길게 보유하면, 내가 옳았는지 틀렸는지를 확인하기가 어렵습니다. 반면 C와 D 정도의 구간으로 보유했을 때, 비교적 명확하게 아이디어 실현 여부를 체험할 수 있습니다. 그리고 투자하는 기간 동안 여유를 가지고 기업에 대한 추가 학습도 가능합니다.

가능하다면 매수할 기업이 C인지 D인지 명확한 전략을 세우세요. 보유 기간을 지킨 후 아이디어가 실현되지 않았다면 깔끔히 투자를 종료하는 게 낫습니다. 투자 아이디어가 실패했음에도 비자발적 장기투자로 이어 가는 경우도 많은데요. 이 경우 오답에 대한 복기가 어려워지고, 자존심을 지키기 위해 기회비용을 희생하는 실수를 범할 수 있습니다. 반대로 1~3년의 중장기투자를 의도했는데 일시적 주가 변동에 휘둘려서도 안 됩니다. 실제 투자 아이디어가 실현되기도 전에 매도하여 수익의 기회를 스스로 걷어차는 오류를 범해서도 안 되겠죠. 가장 중요한 것은 매 투자가 끝날 때마다 (실패했든 성공했든 운이 좋았든 운이 나빴든 간에) 내 투자 과정을 정확하게 '복기'하는 데 있습니다. 그래야 다음에 실수를 줄일 수 있고, 성공 사례를 복제할 수 있으며, 결과적으로 투자 실력을 향상시킬 수 있습니다.

04 개미는 주식으로 얼마나 벌 수 있을까?

처음 투자 입문을 고민하는 분들이 자주 하는 질문들이 있습니다.

"과연 이게 될까요? 얼마나 벌 수 있을까요? 공부한다고 되는 건가요?"

사실 저도 똑같은 불안감을 안고 시작했기 때문에 이 질문이 얼마나 무의미한지 잘 알고 있습니다. 마치 공부를 하지 않아서 시험 성적이 좋지 않았던 학생이 "제가 공부를 한다고 성적이 올라갈 수 있을까요?" 하고 묻는 것과 같습니다. 시작을 해 봐야 알 수 있죠. 시작도 안 하면 어떻게 알겠습니까?

여기서 '시작'이라 함은 아무 학습과 분석 없이 귓바퀴에 흘러가는 산들바람 같은 정보만 듣고 충동적으로 주식을 매수하는 것이 아님니다. 진지한 자세로 공부하는, 그 공부 결과에 따라 신중하고 체계적인 의사결정 과정 아래 주식을 매수하고 관찰하는 것입니다.

하지만 이 피곤함을 거치기 전에 '정말 그런 가치가 있을지' 궁금할 것입니다. 그럼 이런 질문의 답을 어떻게 찾을 수 있을까요?

투자 성과와 이로 인한 재산 증식의 규모는 개인차가 너무 크죠. 그래서 일반론으로 답해 주기가 어렵습니다. 경제나 투자 관련 전공을 했거나 직업을 가진 분들이 아닌, 우리 주변에 흔히 찾아볼 수 있는 평범한 사람이 주식에 입문한다면 어디까지 성공할 수 있을까요?

뇌피셜을 동원해 개인 투자자들의 레벨을 나눠 봤습니다. 이는 절대적인 기준은 아니며 제 경험과 주변 사람들의 경험, 자산가분들과 만나서 나눈 대화를 통해 대략적으로 유추해 본 단편적 레벨입니다. 재미로 봐 주시기 바랍니다. 단 각 단계에 들어선 투자자들이 어떤 내공을 가지고 있을지, 자산이 증식되며 변화하는 심리가 어떤 식일지 그런 부분들을 상상해 보시기 바랍니다. 우리가 앞으로 겪을 과정이니까요.

수준별 투자자들의 분포를 생각해 보겠습니다. 당연히 큰 자산을 만든 분들은 소수입니다. 갓 입문했거나 자산이 적은 분이 많습니다. 따라서 내공에 따라, 투자 경력과 자산 증식 수준에 따라 피라미드형 분포를 가지게 될 것입니다.

그림9 **주식투자자의 수준 분포 피라미드**

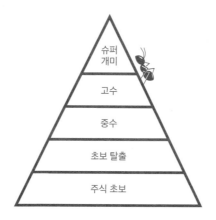

1. 주식 초보

나름 목돈을 쥐고 주식시장에 본격적으로 입문한 단계. 하지만 주식투자로 인생을 바꿀 수 있는지에 대한 확신은 없는 상태. 공부를 꾸준히 하고 정도를 지키는 사람은 다음 레벨로 넘어갈 수 있음. 반대로 경험이 부족한 상황에서 수익이 나지 않는 기간을 견디지 못하면, 자기 확신의 부족으로 주식판을 떠나 버리는 경우도 상당히 많음.

2. 초보 탈출

주식시장에서 벌어 본 경험도 있고, 잃어 본 경험도 있음. 조금이라도 수익이 손실보다 커지기 시작하며, 이렇게 하면 되겠구나 하는 믿음이 생긴 상태. 여기저기서 주식으로 성공한 사례를 봤기 때문에 나도 그렇게 되겠다는 욕심도 생긴 상태. 하지만 현실은 여전히 갈 길이 험난함. 더 많은 경험과 내공이 필요한 단계.

3. 중수의 레벨

억대 이상의 운용자금이 만들어졌고, 주식으로 돈을 버는 자기 확신이 만들어진 상태. 하지만 이 무렵에 자존심도 가장 강한 편. 자랑하고 싶은 마음도 상당히 강함. 그래서 온/오프라인 할 것 없이 활발하게 의견 교환을 하고, 주식을 시작하지 않은 사람들에게는 열렬히 투자 예찬론을 펼침. (생각해 보니 지금의 저입니다.) 하지만 이럴 때 방심하거나 욕심을 부리다가 크게 타격을 입는 경우도 있음.

4. 고수의 레벨

운용자금이 10억을 넘어선 단계. 3번의 단계에서 몇 해 더 경험과 수익이 쌓였기 때문에, 복리의 수혜를 본격적으로 실감하는 상태. 이즈음 되면 한두 번의 금융 위기를 넘어선 경험도 있고, 강세장과 약세장을 고르게 겪은 내공으로 쉽게 흔들리지 않음. 단 예외가 있는데 레버리지를 통해 빠르게 재산을 달성한 사람의 경우, 레버리지 때문에 아웃되어 사라지는 케이스도 꽤 있다고 함.

5. 슈퍼개미 레벨

각종 부자 보고서에서 이른바 '부자'라고 지칭하는 자산을 투자수익으로 달성한 단계. 이 정도 자산 규모를 만들고 나면, 이변이 없는 한 예전의 인생으로 돌아갈 일은 없음. 배당주에 적당히 묻어 두기만 해도 억대의 배당으로 살아갈 수 있음. 온라인 활동도 뜸해지게 됨. (굳이 남에게 나를 평가받을 이유가 없으므로) 순수하게 투자 자체와 부유한 라이프스타일을 즐기는 삶을 살 수 있음. 하지만 이때부터 인생을 어떻게 살지에 대한 철학적인 고민을 하기도 함.

어떠신가요? 뭔가 가슴이 웅장해지고 야망이 꿈틀거리지 않나요? 우리 주변에 드러나지 않는 평범한 사람들 중에서도 위의 단계를 거치고 인생을 바꾼 분이 많습니다. 하지만 위의 단계들을 밟고 올라가기 전에 반드시 건너야 하는 강이 있습니다. 사실 앞선 설명은 이 강을 언급하기 위한 것이었습니다. 1단계인 주식 초보로 가기 전에 이 강을 반드시 건너야 합니다. 레벨이 '0'인 단계라고 볼 수 있죠.

6. 주식 바보

　　보유 액수와 상관없이 주식투자에 대한 기초 개념을 이해하지 못한 상태. 주식과 도박의 차이점을 알지 못하며 운이 좋아 수익이 날 때도 있지만 왜 수익이 났는지 분석할 수 없음. 운이 뒤집히면 돈을 털리는 결과로 끝나는 게 대부분. 1단계에서 2단계, 2단계에서 3단계로 넘어가는 과정은 '노력'과 '경험'이 있으면 가능함. 시간과 복리가 해결해 주기 때문. 하지만 0단계에서 1단계로 넘어가는 과정은 '깨달음' 없이는 절대 불가능. 기업과의 동행, 가격과 가치의 괴리, 인간의 심리 등 투자에 있어 기초적인 철학이 이해되지 않으면… 절대로 바보를 탈출해 초보로 넘어갈 수 없음.

그림 10 **깨달음의 강이 포함된 피라미드**

그래서 저는 이 구간을 '무지를 깨닫는 강'이라고 부르고 싶습니다. 뭘 모르는지를 정확히 알게 되는 구간이라고 할까요? 말장난처럼 들릴지도 모르지만, 상당히 많은 사람이 증권 계좌 개설 후 평생이 되도록 0단계에서 1단계로 넘어가지 못합니다.

적은 돈으로 시작하더라도 시간과 지혜를 활용하면 슈퍼개미가 될 수 있습니다. 반면 주식투자의 기초 개념을 이해하지 못하면 아무리 많은 돈으로 시작해도 성과를 낼 수 없습니다. 과거에 (집안에 한 명쯤 존재하는) 망나니 친척분이 주식으로 수억 넘는 손실을 봤다면 아마도 이 강을 건너지 못한 분일 것입니다.

단언컨대 주식 바보와 주식 초보의 사이에는 큰 공백이 존재합니다. 이 공백을 뛰어넘으려면 내가 처한 현실을 인식할 수 있어야 합니다. 최소한의 공부를 선행해야 합니다. 2020년 이후로 주식 계좌가 무섭게 늘어났고 수많은 사람이 주식투자에 입문했지만, 끝까지 버틸 수 있는 분은 많지 않을 것입니다. 끝까지 버티면 돈을 벌 수 있지만, 아무나 끝까지 버티지 못하는 게 이 바닥입니다.

제가 이 책을 쓰는 가장 큰 이유도 이 공백을 메우기 위해서입니다. 더 많은 분이 깨달음의 강을 건너고, 바보가 아니라 초보로 강을 건너도록 돕기 위해서입니다.

3 장 | 종목은 어떻게 골라야 하나요?

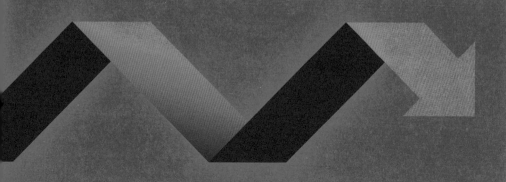

3장에서는 종목을 고르는 법에 대해 집중적으로 다루겠습니다. 물론 종목 선정은 주식투자로 돈을 버는 전체 과정에서 극히 일부분에 지나지 않습니다. 하지만 정말 중요한 단계이기도 하죠. 대한민국에만 2,000개가 훨씬 넘는 상장 기업이 있습니다. 이 중 소수의 종목을 고르려면 이유와 기준이 필요합니다.

우선 종목을 카테고리별로 나눠야 합니다. 산업별로 나눌 수도 있고, 시가총액의 크기로 나눌 수도 있습니다. 테마로 나누는 경우도 있습니다. 분류의 기준을 어디에 두느냐에 따라 달라집니다. 특히 초보 입장에서 종목군을 나누려면 어떤 기준이 필요할까요? 개인적으로는 수익이 나는 원리에 따라 나누는 게 효과적입니다. 왜, 어떻게 수익이 나는지 실감해야 산업도, 개별 기업의 특징도 보입니다.

우선 수익의 원리에 따라 크게 네 가지 기준으로 종목 유형을 나눠 봤습니다. 각 유형에 따른 특징을 살펴본 후 초보 입장에서 할 수 있는 실수들도 다룰 것입니다. 같은 종목이라도 누군가는 수익을 내고 실수하는 사람은 손실을 입게 됩니다. 어떤 실수를 할 수 있는지, 뼈아픈 경험으로 배운 사례들을 공유하겠습니다.

01 종목을 발굴하기에 앞서

결론부터 말하면 상당히 많은 사람이 엉뚱하게 종목 발굴을 하고 있습니다. 좀 더 강하게 말하자면 어리석은 방식으로 말이죠. 얼마나 어리석은지 알아보기 위해 잠깐 회상 모드에 들어가 보겠습니다.

부푼 꿈과 청춘의 낭만과 벚꽃이 만발한 이른 봄의 대학 캠퍼스를 떠올려 볼까요? 새들이 지저귀고 새내기들이 꺄르르 웃는 아름다운 시절이죠. 학기가 시작되고 전공 수업을 들어갔는데 처음 보는 훈남 혹은 훈녀를 발견하기도 합니다. 누군지는 모르겠는데 같은 수업을 듣는 것만은 확실하죠. 옆자리에 앉은 누군가와 즐겁게 대화를 나누는 것을 목격합니다. '오오, 저 친구와 아는 사이구나.' 그러면 수업이 끝나고 다리를 놔줄 가능성이 있는 친구에게 연락을 합니다. 그리고 아까의 그 훈남 혹은 훈녀의 신상을 털게 되죠. 애인은 있는지, 뭘 좋아하는지, 나(따위)를 소개해 준다고 해도 좋아할지 등등.

   종목 발굴은 연애 대상을 찾는 것과 비슷합니다. 신중히 사전조사를 해야 합니다. 소개팅에 나가서 처음 만나는 사람을 그날 바로 눈 맞아서 사귈 수는 없습니다. 물론 그런 경우도 가끔은 있죠. 하지만 그건 행운에 가깝지, 항상 일어날 수 있는 일이 아닙니다.

   첫 소개팅에서 마음에 드는 이성을 만날 확률이 1/10 정도 될까요? 그런데 그건 상대방도 마찬가지일 것입니다. 여자의 1/10과 남자의 1/10이 만나면 소개팅이 연애로 골인될 확률은 0.1×0.1=0.01, 즉 1%입니다. 좀 해괴한 셈법이지만 100명 정도는 만나 봐야 좋은 인연이 이어질 수 있다는 것이죠. 경험상으로도 그렇지 않나요? 주식에서 종목을 발굴할 때도 비슷합니다. 나에게 큰 수익을 줄 수 있는 종목은 그렇게 자주 나타나지 않습니다.

   연애에서도 이런 노력과 확률이 필요한데 우리는 어떻게 투자를 하고 있나요? 우리 주변에 있는 '전혀 주식부자가 아닌' 지인들이 흘리는 이야기만 듣고도 눈에 불을 켜고, 세비야의 투우장에서 흔들리는 빨간 천을 노려보는 소처럼 달려들죠. 아무런 검증과 조사 없이 무작정 따라서 삽니다. 그리고는 잘되길 바라죠.

   대학 캠퍼스로 돌아와 볼까요? 요즘도 그런지는 모르겠지만 "도를 아십니까?"라고 물어보며 지나가던 학생들과 대화를 시도하는 분들이 있었습니다. 주로 포교 활동을 하던 종교인이었죠. 거절을 정말 못하는 마음 약한 일부 학생들을 제외하면 대체로 적당히 이야기를 끊고 갈 길을 가 버렸습니다. 왜 그랬을까요? 모르는 사람이 친근함을 표시하며 다가오면 경계심이 생기기 때문입니다. 실제로 그런 종교인들을 따라갔을 때 무슨 일이 일어날까요? 정확한 건 모르죠. 그렇지만 따라가지는 않습니다. 말 그대로 앞일을 '모르기' 때문입니다. 말을 거는 사람들의 정체가 검증되지 않았고, 어떤 일을 겪을지 예상하지 못하기 때문입니다. 논리적으로 앞일을 유추하지 못하는 곳에는 섣불리 발을 들이지 않습니다. 이런 이유 때문에 도를 아시는지 물어보는 종교인들의 포교 확률은 낮을 수밖에 없습니다.

그런데 왜 주식투자를 할 때는 앞일을 모르는 종목에 피같이 소중한 돈을 덥석덥석 상납하는 걸까요?

만약 누군가 어떤 종목에 투자하기로 결정했는데, 그 결정을 내리는 데 있어 최소 1주일에서 한 달 이상의 자체 조사를 하지 않았다면 그것은 투자가 아닙니다. 그리고 결정을 내린 이유가 나의 조사가 아니라 타인의 추천이라면 이 역시 투자가 아닙니다. 투자는 짝을 찾는 것과도 비슷하다고 했습니다. 잠정적으로 결혼까지 골인할 마음이 맞는 이성(혹은 동성)을 찾기 위해 신중함을 가지는 것처럼 말이죠. 한눈에 반해 평생을 해로하는 사람도 당연히 있습니다. 하지만 그것은 운이 좋은 소수의 이야기입니다. 모두가 그렇게 운이 좋을 거라고 기대하지는 않죠. 한편 마음에 드는 사람도 아니고 생판 모르는 남이 다가와 친한 척 말을 걸고 이래라저래라 하는데 그대로 휘둘리고 싶은 사람은 아무도 없습니다. 당연한 상식이죠. 이런 상식을 투자에도 그대로 적용해야 합니다.

만약 누군가 나에게 A 종목을 사면 무조건 오를 것이니 지금 빨리 매수하라고 부추긴다면 어떻게 해야 할까요? 상식을 따르시면 됩니다. 우선 그 누군가의 투자 능력이 검증되었는지 확인해야 합니다. 내 주변의 고만고만한 지인이라면 일단 따라가면 안 되겠죠? 그 지인의 투자 능력이 뛰어나다면 나 같은 초보 주변에 머무를 리가 없으니까요.

만약 나에게 종목을 추천하는 사람이 치약 광고 같은 새하얀 미소를 지으며 삐까번쩍한 명품을 두르고 재력을 과시하는 사람이라면 어떻게 해야 할까요? 그래도 쉽게 믿으면 안 됩니다. 우리나라는 사기꾼이 판을 치는 나라입니다. 모르는 사람을 믿었다가 피 본 사람이 허다하죠. 애초에 정말 부자인 사람이라면 무슨 목적으로 '나한테까지' 찾아왔을지 의심해 봐야 합니다. 냉정하지만 세상은 비슷한 사람끼리 무리를 짓습니다. 나와 리그가 다른 것 같은 사람이 선심 쓰듯 나에게 다가온다면 다른 목적이 있다는 것을 당연히 눈치채야 합니다.

대학 캠퍼스와 연애와 포교 활동까지 들먹인 이유는 그만큼 많은 사람이 종목 발굴의 문턱도 못 가 보고 어리숙하게 당하기 때문입니다. 상식을 지키면 절대로 돈을 잃지 않습니다. 하지만 너무 많은 분이 상식을 갖고 있으면서도 전혀 활용하지 않습니다.

결론은 그것입니다. 누군가 포교 활동을 하듯이 종목을 추천한다면 '왜 나에게 이걸 알려 주는지' 의심하자. 그리고 투자 대상은 결혼할 짝을 찾을 때처럼 신중해야 한다. 이런 상식이 갖춰진 뒤부터 본격적인 종목 발굴을 시작할 수 있습니다.

02 수익을 주는 종목의 유형

돌아가신 할머니가 입버릇처럼 하신 말씀이 있습니다. 친구는 잘 가려서 사귀어라. 할머니 때문인지는 모르겠지만 제 경우 주식을 고를 때도 친구를 사귀는 것, 인간관계를 만드는 것과 비슷하게 접근합니다. 어떻게 보면 주식 너머에는 기업이 있고, 기업 너머에는 임직원과 경영자가 있으니 사람을 사귀는 것과도 비슷하지 않을까요?

좋지 않은 친구. 내게 나쁜 영향을 끼칠, 손해를 끼칠 친구는 오래 사귀지 말고 빨리 정리해야겠죠. 근데 더 좋은 방법은 아예 처음부터 엮이지 않는 것입니다. 그렇다면 안 좋은 친구 같은 주식은 어떤 걸까요? 믿음이 가지 않고, 일상이 엉망이고, 솔직하지 않은 친구 같은 주식이겠죠. 재무제표 엉망이고, 경영진이 미덥지 않고, 그

와중에 맨날 작전에 엮여서 변동성은 심하고, 그런 주식은 처음부터 엮이지 않는 게 좋습니다. 일주일 연속 상한가를 갔다고 해도 절대로 쳐다보면 안 됩니다. 안 좋은 친구가 우리에게 그렇듯이, 결국에는 도움도 안 되고 시간도 버리고 마음고생만 바가지로 하며 끝날 것입니다.

그럼 어떤 주식을 사야 할까요? 우리가 어떤 친구를 사귀면 도움이 될지와 연관 지어 보겠습니다. 우리 인생에 도움이 되는 네 가지 친구 유형을 토대로 동행할 가치가 있는 주식을 소개합니다.

1. 의리 있고 싹싹한 친구
2. 화려하고 잘나가는 친구
3. 실패했지만 재기를 노리는 친구
4. 티는 안 내는데 알고 보니 금수저인 친구

지금 말씀드리는 종목의 유형은 가치투자 기반, 리서치 베이스로 종목을 선정할 때 적용되는 유형입니다. 종목이라고 말하지만 결국은 기업의 유형이라고 볼 수도 있죠. 어떤 기업의 미래 가치가 지금 가치보다 높아질 수 있는 시나리오는 유형에 따라 달라질 수 있습니다. 제가 나누는 기준은 배당주, 성장주, 회생주, 자산주, 이 네 가지입니다.

1. 배당주

왜 그런 친구들 있죠? 남의 생일 잘 안 까먹는 친구, 결혼식, 돌잔치, 축의금 꼬박꼬박 내주고 작은 성의라도 꼭 제대로 표시해 주는 친구. 그런 친구들은 왠지 좀 더 의리 있어 보입니다. 배당주가 그런 친구입니다.

배당주는 1년에 한 번 분기에 한 번 이렇게 정기적으로 보유 지분의 비율만큼 일정한 현금을 꽂아 줍니다. 배당을 주지 않는 기업도 있고, 배당을 주지만 예금이자만도 못한 조그만 배당을 주는 경우도 있습니다. 흔히 배당주라고 부르는 기업들은 예금이자의 배 이상으로 많은 배당을 줍니다.

배당은 안 주고 주주들 우습게 아는 회사도 많습니다. 혹은 배당을 주고 싶어도 능력이 부족하니까 못 주는 회사도 있죠. 그런데 꾸준히 배당을 챙겨 주고, 그것도 높은 배당률로 수익을 나눠 주는 회사는 의리 있으면서도 싹싹한 친구와도 같습니다.

2. 성장주

어딜 가든 눈에 띄고, 잘나가서 화려하고, 그래서 주변에 관심 보이는 사람이 끊이질 않는 그런 친구도 있습니다. 워낙 인기 많고 유명해서 맨날 비싸게 굴고 재수없지만 잘난 만큼 내가 좀 접어 주고 친해져 놓을 만한 친구. 지인이라는 사실만으로도 나에게 득이 되는 그런 친구도 한 명씩은 있지 않나요?

성장주가 그런 친구입니다. 매출과 이익이 폭발적으로 늘어나고 매해 눈에 띄는 성장률을 보여 주기 때문에 재무비율상 고평가가 되어 있어도 시장의 관심을 많이 받습니다. 그래서 다른 종목보다 좀 더 비싼 가격에 거래되죠. 성장이 유지되는 한, 더 높은 가격으로 보답을 해 주는 주식입니다.

3. 회생주

반면에 지금 당장은 친구해도 되나 싶은 친구도 있죠. 실패를 경험한 친구. 돈이 궁해서 여기저기 빌리러 다니고, 선뜻 도와주기 힘들어서 피하게 되는 그런 친구도 있습니다. 회생주는 그런 친구와도 비슷합니다. 재무제표상으로는 적자 내고, 돈 못 벌고, 회사 망할 것 같고 그래서 투자하기 싫고, 언뜻 봐서는 사고 싶지 않은 종목이죠.

그렇지만 진짜 어려운 친구가 정말 필요할 때 내게 도움을 받으면, 성공했을 때 나에게 제대로 보답을 할 수 있습니다. 회생주를 알아보고 회사가 안 좋을 때 과감히 투자를 하게 되면, 실적이 턴 어라운드Turn-around를 했을 때 시장의 관심이 폭발하면서 반전처럼 큰 수익을 올릴 수도 있습니다. 당연히 회사가 망하면 나도 망하겠지만요. 하이 리스크High-risk이자 하이 리턴High-return인 종목입니다.

4. 자산주

드물지만 이런 친구들도 있습니다. 평소에는 존재감이 없는데 알고 보니 집안이 알부자인 것이죠. 자산주는 그런 숨겨진 금수저 같은 친구입니다. 이런 친구들은 조금만 능력을 보여 줘도 숨겨져 있던 빵빵한 집안 내력이 후광 효과를 만들어 줍니다. 금세 주변 사람들의 관심이 모이게 되죠.

자산주도 평소에는 자산 가치가 드러나지 않습니다. 막대한 부동산이나 현금을 갖고 있어도 실적이 좋아지지 않으면 관심을 받지 못합니다. 하지만 조금만 실적의 개선이 보여도 자산 가치가 마중물을 만들어 줍니다. 시장의 관심이 급하게 쏠리게 되고, 의외의 불꽃 상승을 만들기도 합니다.

기업에 투자해 수익을 낼 경우 대부분은 이 네 유형에 속합니다. 하지만 각 스타일이 절대적으로 구분되지는 않습니다. 가령 배당주가 실적이 지속 성장하는 성장주가 되기도 하고, 자산주가 특정한 산업 변화로 회생주의 속성을 가지기도 합니다. 오랫동안 성장주였다가 패러다임 변화에 따라 배당주나 자산주로 변할 수도 있습니다. 중요한 것은 관심 기업이 갖고 있는 속성을 이해함으로써, 그에 맞는 투자 전략을 세우는 것입니다.

03 의리 있는 배당주

우선 의리 있는 친구, 배당주에 대해 알아보겠습니다. 일단 배당을 잘 주는 회사는 돈을 '꾸준히' 법니다. 꾸준히 번다는 것은 비즈니스 모델이 안정적이고 현금 흐름이 일정하다는 뜻이에요. 꾸준하게, 지속적으로 벌 수 있기 때문에 주주들에게 정기적으로 수익을 나눠 줄 수 있죠.

장점

배당주의 최고 장점은 말 그대로 현금을 꽂아 준다는 것입니다. 별거 아닌 것 같아도 굉장히 쏠쏠합니다. 배당을 주는 기업의 경우 연말까지 주식을 보유하고 있으면 보유 수량만큼 이득해

4월에 배당금을 입금해 줍니다. (정확히는 배당기준일까지 보유해야 하는데 이 부분은 뒤에 설명하겠습니다.)

꾸준히 일정 비율을 배당으로 꽂아 주는 기업은 주가 하락도 제한적인 경우가 많습니다. 주가가 떨어지면 상대적으로 배당액의 비율이 높아지기 때문에, 배당을 노리는 수급이 생겨서 주가가 더 떨어지는 것을 막아 주기도 하죠. 가령 1만 원짜리 주식이 배당금을 꾸준히 500원씩 줬다고 가정하겠습니다. 시가배당률은 5%인 것이죠. 그런데 이 주식의 가격이 떨어져 5,000원이 된다면 어떻게 될까요? 배당금 500원의 시가배당률은 500/5,000 = 무려 10%로 올라가게 됩니다. 조금 드라마틱한 예시긴 하지만 이런 일도 간간히 일어나는 것이 주식시장입니다.

거기에 더해 배당을 잘 주는 기업들은 안정성이 높습니다. '곳간에서 인심 난다'고 하죠? 줄 돈이 없는 가난한 회사가 배당을 꾸역꾸역 줄 수 있을까요? 배당이 검증된 회사는 쉽게 망하지 않습니다. 갑자기 상폐하거나 주가가 폭락하는 일도 부지기수인 주식판에서, 배당주를 선별해 투자할 경우 상대적으로 안전한 투자를 유지할 수 있습니다.

단점

보통 오랜 기간 동안 배당을 주는 기업들은 업황이 일

정하고 속해 있는 산업이 성숙기에 들어선 경우가 많습니다. 실적이 급격하게 증가한다든지 단기간에 몇 배씩 상승하는 데는 무리가 있습니다.

그리고 배당을 받는다고 무조건 수익이 나는 것은 아닙니다. 이 부분에 대해서는 배당락이라는 개념을 먼저 설명해야 합니다. 1년에 한 번 배당을 주는 기업의 경우 주로 폐장일 2일 전이 배당기준일로 정해지게 됩니다. 크리스마스를 지난 연말 즈음이죠. 그날 갖고 있는 보유 주식의 양만큼 이듬해에 배당을 받게 됩니다. 그런데 이날이 지나면 배당락이라고 해서 기대되는 배당 수익률만큼 주가가 떨어지는 경우도 있습니다. 이론적으로는 배당으로 내보낸 금액만큼 기업의 보유 자본이 감소하기 때문이죠. 이런 자본의 감소를 주가가 자연스럽게 반영하는 것이죠.

그렇기 때문에 배당기준일 바로 다음 날에 팔아 버리면 실제 배당금을 받는 효과가 주가 하락으로 사라지기도 합니다. 줬다 빼앗아 버리니 이득은 없습니다. 그래서 어떤 분들은 배당락을 피하고 시세 차익만 노리기 위해서 배당기준일 전에 팔기도 합니다. 하지만 업력이 길고 꾸준히 배당을 줬던 회사들은 잠깐 배당락으로 떨어진 주가가 몇 달 안에 회복될 수 있어요. 침착하게 보유하면 손해 볼 일은 많지 않습니다. 오히려 고배당주들의 경우 연말연초 배당락 즈음이 절호의 매수 기회가 되기도 합니다.

배당주 투자는 어떻게?

　　개인적으로 초보자들에게 배당주를 많이 추천합니다. 종목의 특성상 주가 변동이 심하지 않고, 배당금으로 수익이 생길 수도 있기 때문에 다른 투자 유형에 비해 마음이 편합니다. 그렇다고 배당주의 업사이드(수익을 기대할 수 있는 상방)가 작은 것도 아닙니다. 우리나라 개인 투자자 중에서 배당주로 꽤 유명한 분이 있었는데요. 실적이 좋아질 배당주에 집중투자하는 방법으로 연 수십 퍼센트의 엄청난 수익률을 보여 주기도 했습니다.

　배당주 투자의 진정한 로망은 조금씩 조금씩 배당금을 올려 주는 기업에 초장기로 투자하는 것이겠죠. 대표적인 예로 미국 주식에서 '배당 귀족주Dividend Aristocrats'라고 불리는 25년 이상 배당금을 증액해 준 우량 기업들을 들 수 있습니다. 이런 기업을 장기적으로 투자할 경우 어지간하면 실패없이 안정적으로 자산을 증식할 수 있습니다. 시세 차익은 물론이고 배당금이 상승한 효과로 초기 투자금 대비 두 자릿수 이상의 배당 수익을 받을 수도 있습니다.

　하지만 너무 배당 히스토리만 믿어선 안 됩니다. 기업은 생물과도 같아서 결국은 수명이 다할 수 있습니다. 지속적으로 업황을 체크해야 합니다. 언제나 처음은 있으니까요. 오랫동안 배당을 늘려 줬는데 배당액을 갑자기 줄이면—보통 배당컷이라고 부릅니다—어떻게 될까요? 실망한 주주들이 주식을 던져 큰 폭으로 하락할 수도 있습니다. 대량의 주식을 상속이나 증여로 물려받은 대주주가 세금을 내기 위해서 일시적으로 고액의 배당을 주는 경우도 있습니다. 이 경우는 세금 이슈가 해결되면 다시 배당을 줄일 수도 있습니다. 배당 기대 때문에 올라갔던 주가는 배당 이벤트가 끝나면 다시 하락할 수도 있습니다.

그 외에도 배당금이나 배당 성향이 일정하지 않고, 많이 줬다 적게 줬다 하는 회사들은 배당주로서 매력이 떨어진다고 볼 수 있습니다. 따라서 배당주를 고를 때는 지속적으로 배당을 챙겨 줬는지 히스토리를 먼저 체크하고, 앞으로 업황을 연구하며 이런 배당 성향을 유지할 수 있을지 고려해야 합니다.

다양한 성향의 종목을 담더라도 일부 비중을 배당주에 투자하면 심적으로도, 계좌의 방어율 면에서도 상당한 효과를 얻을 수 있습니다. 하지만 배당주 투자는 지루하다는 '느낌적인 느낌' 때문에 생각보다 인기가 많지 않습니다. 사실 저는 이런 사람들의 성향이 정말 희한하다고 생각합니다.

언젠가 모 유명 경제 팟캐스트에 한 애널리스트가 나와 섹터와 기업에 대해 상세히 설명하는 것을 들었습니다. 그런데 그 이야기를 듣던 팟캐스트 진행자분이 이런 이야기를 하더군요.

"좋은 건 알겠는데, 왠지 재미없고 지루할 것 같아서 저는 안 살 것 같네요. 하하."

돈 벌려고 주식하는 거 아닌가요? 재미있고 신나려고 주식을 하나요? 주식투자는 지루함을 견디는 대가로 돈을 버는 것입니다. 이 속성을 이해하지 못하면 평생 스릴만 쫓으며 제자리걸음만 하게 됩니다. 그런 의미에서 지루함을 방패로, 배당을 창으로, 초보의 내공으로도 비교적 쉽게 수익을 얻을 수 있는 의리 있고 싹싹한 친구, 배당주는 꼭 이해해야 합니다.

04 잘나가는 성장주

그다음으로 잘나가고 화려한 친구, 성장주 이야기를 해 보겠습니다. 경제와 사회의 트렌드 변화와 맞아떨어지는 기업들이 있습니다. 시대에 맞는 기업들이죠. 지속적으로 매출과 이익이 성장하고, 주가 또한 꾸준히 상승하는 종목군을 성장주로 부를 수 있습니다. 업종이 정해진 것은 아닙니다. 흔히 신기술과 관련된 기업을 떠올리지만 소비 트렌드에 따른 성장주도 상당히 많습니다. 중요한 건 매해, 매 분기 이전보다 나은 실적을 보여 주는 것입니다.

성장주에 투자할 때는 가격을 무시할 수 있어야 합니다. 지금은 주가가 비싸 보여도 기업의 이익이 지금보다 몇 배로 커질 수 있다면 오히려 지금의 주가는 상대적으로 싼 것일 테니까요. 원래 인생은 불공평해서 잘나가는 친구들은 대체로 계속 잘나가잖아요? 비싸게 구는 이유가 있는 것이죠.

성장주는 PER이나 PBR같이 과거의 결과에서 파생된 재무비율만 본다면 투자하기가 어렵습니다. 업력이 길고 성숙한 회사들에 비해서 상대적으로 고평가를 받고 있거든요. 성숙 산업의 회사들은 보통 PER이 10이 안 되는데 성장하는 회사들은 PER이 20~30, 많게는 40~50인 경우도 있습니다. 신약 개발을 통해 기업 가치가 점프하는 것을 기대하는 제약 바이오 주식들의 경우는 PER이 100 단위를 훌쩍 넘어가기도 합니다. 무슨 말일까요? 지금 상태가 유지된다는 전제 아래 100년은 지나야 투자금을 회수할 수 있다는 뜻입니다. 이런 높은 밸류에이션Valuation이 비싼지 아닌지는 전적으로 이 기업이 '계속해서 높은 성장이 가능한지'에 달려 있습니다.

▎장점

성장주의 장점은 역시 화끈한 주가 상승에 있습니다. 트렌드를 타고 실적이 급상승하는 회사들은 단기간에 주가가 몇 배씩 뛰기도 하죠. 신약 관련 회사가 대표적입니다. 새로운 약이 임상을 통과하고 시장에 팔리면 기업의 매출처가 갑자기 커지게 됩니다. 그간의 연구 개발이 결실을 맺는 것이죠. 단번에 벌어들이는 돈이 커지기 때문에 거기에 맞춰서 주가도 빠르게 상승합니다.

이렇게 한 방에 대박이 터지는 성장주도 있지만, 지속적으로 매출과 이익이 확대되는 회사도 있습니다. 주로 사람들의 사랑을 받는 소비재 기업에서 나타납니다. 계속해서 실적이 올라가니 주가도 큰 조정 없이 계속 오르곤 합니다.

주가는 기업의 돈 버는 능력을 비춰 주는 거울입니다. 돈 잘 벌고 능력 있는 기업은 주가도 좋을 수밖에 없죠. 이런 매력 때문에 성장주라 불리는 기업들은 성장이 정체된 고리타분한 업종들에 비해 꾸준히 시장의 관심을 받습니다. 기업 가치의 상승 속도에 관심의 속도가 곱해지면서 주가가 더 드라마틱하게 상승하기도 합니다.

단점

잘나가는 친구들의 최대 적은 무엇일까요? 추락하기 시작하면 주변의 관심이 훨씬 빨리 빠져나갑니다. 마치 그들의 몰락을 기다린 것처럼 말이죠. 부러움과 질투심이 항상 공존하는 인간의 초라한 본성 때문입니다. 연예인들도 그렇죠. 스캔들이 한 번 터지면 일감이 끊기고 대중이 단번에 등을 돌리죠.

성장주도 비슷한 위험을 내포하고 있습니다. 영원한 성장은 있을 수 없거든요. 잘나가는 업종은 필연적으로 경쟁이 생기게 되고, 경쟁이 생기면 수익성이 떨어지는 시기가 오게 됩니다. 주로 고성장은 기업 자체가 잘해서라기보다는 시대의 흐름이나 환경이 유리하게 작용했을 때 발생합니다. 급격한 성장을 보여 줘서 시장의 관심을 한몸에 받았는데 주변 환경이 바뀌면 어떻게 될까요? 잘되던 기업의 성장 속도가 느려지거나 역성장을 기록할 수도 있습니다. 이 경우 시장의 관심이 급격히 선회하면서 엄청난 속도로 주가가 하락합니다.

빠르게 많이 올라갔고 성장에 대해 프리미엄을 줬기 때문에 성장주는 고평가에 대한 부담을 항상 가지게 됩니다. 성장에 대한 믿음이 유지될 때는 사람들이 기꺼이 비싼값을 치르지만, 성장에 의심이 생기면 더 빨리 탈출하려고 하죠. 따라서 주가가 하락할 때의 속도도 오를 때만큼 급격합니다. 이 경우 어수룩한 투자자는 재빠르게 엑시트를 하지 못합니다. 결과적으로 포트폴리오에 큰 손실을 입겠죠.

▌성장주 투자는 어떻게?

초보자들이 성장주를 투자할 때 가장 조심할 점은 무엇일까요? 바로 '단순한 주가의 상승'과 '진정한 기업의 성장'을 구분하는 일입니다. 대부분 처음 주식을 시작한 분들이 관심을 가지는 성장주의 공통점이 있습니다. 이미 고평가인 경우가 많다는 것입니다. 영원히 성장하는 기업은 없습니다. 또한 성장의 속도보다 주가 상승의 속도가 빠를 때도 있습니다. 당장 급등하는 주가에 현혹되어 따라잡고 싶은 분이 많습니다. 그럴 때 대부분 하는 이야기가 '이 기업은 성장하기 때문에 산다'입니다. 수년에 걸쳐 우상향하는 성장주라고 하더라도 일시적 고평가 기간이 오면 한동안 조정을 거칩니다. 그리고 다시 상승합니다. 이럴 때 들어가서 고점에 물리면 아무리 좋은 기업도 실패한 투자가 될 수 있습니다.

그러면 어떻게 해야 할까요? 주가가 올라서, 남들이 좋아해서 성장주를 사면 안 됩니다. 특정 기업의 성장에 대해 연구를 하고 스스로 발굴해야 합니다. 그 후에 투자 판단을 내리고 매수를 해야겠죠.

성장주를 직접 발굴하는 방법으로 세 가지를 추천드립니다.

❶ 생활 속 흥행주

모든 투자자는 소비자입니다. 우리는 일상을 영위하기 위해 다양한 소비를 하며 살아가죠. 그러다 보면 눈길을 끄는 히트 상품을 만나게 됩니다. 내가 써 보니 좋았던 것, 남들이 다들 좋아하는 것. 그런 히트 상품을 만드는 회사를 찾아 분석한 뒤 투자를 할 수도 있습니다.

의외로 상당히 괜찮은 투자법입니다. 뛰어난 분석력이 없더라도 피부로 느끼는 성장을 투자에 접목시킬 수 있습니다. 단 이렇게 생활 속 히트작을 만든 회사에 투자하는 데 있어 주의할 점이 있습니다. 바로 히트의 '영속성'입니다. 반짝 유행에 그치는 경우는 인기가 사그러들면 성장도 멈춥니다. 흥행 여부를 지켜보며 성장의 지속 가능성을 판단해야 합니다. 특정 시기에 대히트를 친 과자나 식품이 보일 때, 누구나 레깅스를 입고 다닐 때, 품절 뉴스가 뜨는 제품이 있을 때 상장된 기업은 없는지 찾아보시기 바랍니다.

❷ 구조적 성장주

워런 버핏의 대표 투자 종목으로 코카콜라가 언급되곤 합니다. 코카콜라는 수십 년에 걸쳐 꾸준히 주가가 상승했죠. 이유는 브랜드가 강하기 때문입니다. 전 세계에 코카콜라가 판매됩니다. 그리고 세월이 흐르면서 물가 상승에 맞춰 지속적으로 판매 가격도 올라갑니다.

생활 소비재로 분류되며 막강한 브랜드 경쟁력을 가진 기업들은 비즈니스 구조상 계속 성장할 수 있습니다. 특히 판매 가격을 지속적으로 인상시킬 수 있는지가 중요합니다. 의외로 이런 종목들은 누구나 알고 있고, 누구나 쓰고 있는 뻔한 기업인 경우가 많습니다. 좋은 가격에 사서 장기적으로 보유하면 되죠. 하지만 문제는 누구나 좋은 걸 알고 있기 때문에 투자할 만한 가격대가 웬만하면 오지 않는다는 점입니다. 시장 전체가 하락하는 경우에 사면 좋겠죠. 혹은 적립식으로 꾸준히 매수하며 장기투자하는 방법도 있습니다.

내가 수십 년 동안 쓰는 물건은 없는지? 즐겨 먹는 음식이나 음료는 없는지? 이런 것들을 통해 구조적인 성장주를 찾아볼 수 있습니다.

❸ 파괴적 혁신주

마지막으로 새로운 기술과 비즈니스 모델로 기존 산업을 잠식하는 기업을 찾을 수 있습니다. 모두의 일상을 근본적으로 바꾸는 기술을 가진 기업, 전통 산업이라 불리는 곳에 경쟁자로 뛰어들어 기존 강자들을 위협하는 기업, 이런 기업들을 파괴적 혁신주라도 볼 수 있습니다. 대표적인 게 미국의 IT 공룡 기업들이죠.

이런 기업들의 무서운 점은 지속적으로 실적이 올라간다는 점입니다. 일반적인 기업들의 성장 속도보다 훨씬 빠르기 때문에, 분기별 실적 발표를 할 때마다 서프라이즈—증권사 애널리스트의 실적 예측보다 높게 나오는 것—를 기록하는 경우도 많습니다. 성장을 예측했는데 더 큰 성장이 나오는 식이죠. 그래서 주가도 무섭게 올라갑니다.

문제는 이런 서프라이즈를 지속적으로 보여 주다 보니 사람들의 기대감도 하늘을 찌른다는 것입니다. 이런 경우 훌륭한 기업이 될 수는 있지만, 훌륭한 투자 기회는 아닌 경우도 많습니다. 그 기대감까지 주가에 반영되어 있다면 고평가를 의심해야 할 수도 있습니다. 약간의 성장 둔화만으로도 주가가 실망감에 크게 빠질 수 있습니다. 또한 산업의 주도권을 흔들며 성장하는 기업들이기 때문에 언제 다른 경쟁이 생기지 않는지 주의 깊게 봐야 합니다.

05 위험을 극복한 회생주

이번에는 회생주에 대해 알아보겠습니다. '기사회생' 할 때 그 회생이죠. 저승에 갔다 돌아온 주식인 겁니다. 기업의 존재 이유는 이윤 창출입니다. 그런데 이윤 창출이 안 되고 적자를 보면 어떻게 될까요? 자본이 잠식되면서 존속이 어려워집니다. 업황이 안 좋아 다 죽어 간다면 투자자들이 거기에 투자하고 싶을까요? 회사가 망하면 투자자도 돈을 잃습니다. 그래서 적자가 지속되거나 실적이 저조한 기업들은 투자자들이 기피합니다. 주가는 오랫동안 바닥을 헤매며 아무도 관심을 주지 않습니다.

그런데 말입니다. 오랫동안 안 좋은 방향으로 가다가 방향을 바꾼다면 어떻게 될까요? 간단한 예를 들어 보겠습니다. 100억씩 벌던 회사의 시총이 1000억이었습니다. 그런데 이 회사가 적자가 나고 실적이 망가졌습니다. 사람들이 외면하면서 팔아 치우겠죠. 이 경우 주가가 반토막, 1/5토막, 1/10토막 납니다. 그런데 이 회사가 재기해서 원래처럼 다시 100억을 벌게 된다면 어떻게 될까요? 반토막에서 원래 가격으로 돌아온다면 주가가 두 배 오른다는 뜻이죠. 반토막 때 주식을 산 사람들은 두 배의 수익, 100% 수익이 난다는 뜻입니다. 그게 회생주의 장점입니다. 반환점을 찾아내 사람들의 관심에서 멀어진 종목을 매수할 수 있다면, 아이디어(기업의 회생)가 실현되었을 때 큰 수익을 낼 수 있습니다.

우리나라에는 사이클을 타는 기업이 많습니다. 사이클의 바닥에서 회복되는 산업들의 경우 산업의 특징을 제대로 이해하는 사람들은 그 주기에 맞춰서 투자할 수 있습니다. 사전에 투자 전략을 세우기도 편하겠죠. 과거에 보여 준 사이클이 있기 때문에 예전 상황을 기억하고 해당 산업을 공부해 두면 좋습니다. 마치 답지를 보고 문제를 푸는 것처럼 투자할 수 있습니다.

물론 회생주 투자는 난이도가 높습니다. 죽다가 살아나야 고수익을 가져옵니다. 만약 저승으로 넘어간 기업이 돌아오지 않는다면? 우리의 투자금도 다시 볼 수 없겠죠. 제대로 공부하지 않고 지금 주가가 바닥이라는 이유만으로 사면 안 됩니다. 오랫동안 투자금이 묶이거나 심지어 상장폐지가 되어 투자금 전체를 잃을 수도 있습니다.

회생주는 말 그대로 '회생'에 포커스를 맞춰야 합니다. 기업은 항상 망할 수도, 흥할 수도 있죠. 지금의 위기에서 정말로 회생할 수 있는지, 업황이 좋아질 것인지, 기업이 힘든 시기를 견딜 체력이 있는지, 경영진이 판단력이 있고 위기를 넘길 능력이 되는지, 이런 걸 꼼꼼히 살펴보고 투자해야 합니다.

시험문제 풀이와 투자의 차이점은 무엇일까요? 바로 '시간'입니다. 투자는 정해진 시간이 없습니다. 투자에서는 몇 년에 걸쳐 문제를 풀기도 합니다. 회생주의 경우 회생이 언제인지 알지 못하면 효율적인 문제 풀이를 할 수 없습니다. 대부분 사람들이 싼 가격을 보고 들어왔다가 수년을 고생하다 팔고 나가기도 합니다. 그래서 언제쯤 반전이 일어날지를 알아야 합니다.

어떻게 알아낼 수 있을까요? 해당 산업이 돌아가는 구조를 속속들이 공부하면 됩니다. 제조업이라면 물건을 만드는 데 필요한 원재료의 가격 변화를 공부할 수 있겠죠. 정기적으로 원재료 가격 변동을 주시하면서 회복의 신호가 나오는지를 찾을 수 있습니다. 오랫동안 원재료 가격이 비싸 수익성이 악화된 기업이 있다면 원재료 가격이 내려오기만 해도 저절로 수익성이 개선되겠죠.

주식투자에서 인내심이라고 하면 흔히 매수 후 보유 기간을 떠올립니다. 오래 들고 있어야 수익이 난다고 생각할 수 있죠. 하지만 제 경험상 실제로 투자의 성패를 가르는 건 매수 전에 얼마나 인내하느냐에 달려 있었습니다. 특히 회생주에 투자할 때는 절대로 성급하면 안 됩니다. 어디가 바닥인지 모르기 때문이죠. 주가가 망가진 기업을 봤다면 언제 회생이 가능한지 확실히 스터디한 후 회생이 임박한 시점에 투자를 결정해야 합니다.

소문난 잔치에 먹을 것 없다는 말이 있죠. 회생주는 딱 반대로 시작하면 됩니다. 가장 기피하는 곳을 찾는 것이죠. 안 좋은 곳을 뒤져봐야 합니다. 어디서 찾을 수 있을까요? 제일 쉬운 방법은 '52주 신저가', '52주 최저가'를 검색하는 것입니다. 검색어를 입력해 뉴스를 찾으면 바로 나옵니다. 혹은 아이투자itooza.com 같은 사이트에서도 매일의 신저가(및 신고가)를 제공하고 있습니다.

52주는 1년을 이야기하는 것이죠. 최근 1년 사이에 가장 낮은 가격에서 거래되는 종목들이라는 뜻입니다. 52주 신저가 종목들을 쭉 훑어보면 복잡한 기분에 휩싸이게 됩니다. 희대의 못난이 리스트라고 부를 수도 있겠고, 지금 가장 불운한 기업들이라고 부를 수도 있겠죠. 실제로 이 리스트에는 기피해야 하는 종목이 많습니다. 우리는 기업 가치에 비해 사람들이 오해하고 있는 종목을 찾아야 합니다. 물론 주가는 그럴 만한 이유를 반영해 주기도 합니다. 신저가에서 대부분의 종목들은 그럴 만한 이유가 있습니다. 하지만 먼지가 가득 쌓인 못난이 무더기 속에서 기회를 찾을 수도 있습니다. 회생의 실마리가 보이는 기업을 찾아내는 것이죠.

일단 52주 최저가인 친구들을 하나씩 훑어보면서 각각의 비즈니스 모델을 파악합니다. 사이클이 있는 산업군에 속한다면 추려냅니다. 그리고 사이클이 회복할 것 같은 기업은 없는지 분석하는 것이죠. 기업이 만드는 제품의 수명을 보면 주기가 어떻게 발생하는지 확인하기 쉽습니다. 가령 자동차 같은 건 신제품 개발에 4, 5년이 소요된다고 합니다. 반도체는 2, 3년의 주기를 갖고 있죠. 배나 건축물처럼 큰 것들은 20, 30년의 주기를 가질 수도 있습니다. 기업별 주가 흐름도 이런 주기와 유사한 경우가 있습니다.

한 가지 팁이 더 있습니다. 도산했다. 구조 조정이 되었다. 이런 뉴스를 본다면 그때부터 살아남을 기업을 찾아서 주의 깊게 관찰하면 좋습니다. 업황이 다 같이 힘들어지면 해당 산업군에서 경쟁력이 약한 기업부터 무너집니다. 반면 그 시절을 견뎌 낸 기업은 어떻게 될까요? 상황이 좋아졌을 때 무너졌던 기업이 갖고 있던 시장점유율까지 온전히 독식하게 됩니다. 물론 경쟁사가 도산할 정도로 어려운 상황에 과감히 투자하기는 어렵습니다. 하지만 승자 독식의 원리를 이해해야 합니다. 특정 산업군의 1등 기업은 어지간해선 망하지 않습니다. 그 산업 자체의 필요성이 존재하는 한, 경쟁이 완화되면 더욱 빨리 회복하기도 하죠. 애초에 경쟁력이 있었기에 1등 기업이 될 수 있었고, 그 경쟁력으로 위기도 극복하는 것입니다.

1등만 기억하는 더러운 세상. 하지만 내가 그 1등의 주인이 된다면? 이 세상의 뼈아픈 원리로 돈을 벌 수도 있겠죠.

06 숨은 금수저 자산주

마지막으로 자산주에 대해 알아보겠습니다. 자산주는 부동산이나 현금, 채권, 주식 등 기업이 보유한 자산들이 주식시장에 상장된 기업의 시가총액에 육박하는, 어쩔 때는 시가총액보다 더 큰 경우를 이야기합니다. 지금의 시총이 1000억인데 보유한 부동산 시세는 1000억이 넘네? 뭐 그런 식이죠. 흑자가 쌓이고 쌓여서 남은 돈으로 땅도 사고 채권도 사고 주식도 사고 한 겁니다. 주식시장에 상장된 기업도 다른 주식을 살 수 있죠. 그래서 자산주라 불리는 곳들은 업력이 긴 기업이 많습니다. 그런데 이상한 게 있습니다. 보유한 자산이 그렇게 많은데 주가는 왜 안 오르는 것일까요?

진짜 알짜배기 금수저인 친구들을 떠올려 보겠습니다. 학교에서 별로 존재감이 없는 조용한 친구. 그런데 알고 보니까 집에 재산이 상당히 많죠. 돈이 있어도 티를 내지 않는 친구들이 있습니다. 자산주 기업들도 그렇습니다. 있는 티를 잘 안 내죠. 부동산 보유 가치 같은 것을 사업보고서에 쓸 때도 현 시세 기준으로 재평가를 하지 않습니다. 10년 전 시세를 그대로 올리기도 하죠. 그래서 사람들이 관심이 없고 몰라보는 경우도 많습니다.

그리고 업력이 길다는 것은 사양산업에 속해 있다는 뜻도 됩니다. 실제로 우리나라에서 알아주는 자산주들을 보면 지금은 매력도가 살짝 떨어지는 옛날 산업이 많습니다. 그러다 보니 본업에 대한 기대감이 약하고, 그게 주가에 반영되어 소외된 겁니다. 말 그대로 사람들의 관심이 없는 것이죠. 장기적으로 기업 가치를 따라가는 것이 주가입니다만 상당한 기간을 가치와 상관없이 오르내리는 것도 주가입니다. 결국은 사람들의 관심이 모여야 주가가 상승합니다. 어떻게 보면 자산주 투자는 재미가 없습니다.

장점

하지만 투자의 목적은 재미가 아니라 수익이죠. 돈을 벌기 위해선 방어력이 중요합니다. 자산주는 자산 가치가 있기 때문에 하방이 막혀 있습니다. 가끔 시장 전체가 빠지는 급락장이 올 때도 있는데요. 상대적으로 자산주에 속하는 기업의 주가는 덜 빠지는 편입니다. 그리고 변동성 자체가 많지 않아서 장기 보유를 할 때 마음이 편해집니다. 주가가 들썩들썩하는 종목들을 보유할 때는 어떨까요? 계속 마음을 졸이게 됩니다. 어쩔 때는 변동성을 이기지 못하고 '뇌동 매매'를 하기도 합니다.

하지 않아도 되는 일을 하지 않는 것도 투자에서 중요한 덕목입니다. 팔지 않아야 할 때 팔고 사지 않아야 할 때 사는 것이죠. 자산주를 보유하는 것은 부동산을 보유하는 것과도 비슷합니다. 차분히 장기 보유를 하기 좋은, 부동산처럼 깔고 앉을 수 있는 주식이라고 볼 수 있습니다.

단점

앞서도 언급했지만 자산주의 가장 큰 단점은 지루하다는 것입니다. 재평가의 기회가 생기지 않으면 몇 년이고 주가가 변화 없이 흘러갈 수도 있습니다. 일단 회사 측에서 주가 부양 의지가 많지 않습니다. 대주주의 입장에서 생각해 볼까요? 내가 창업하고 평생을 팔지 않은, 게다가 자식에게 물려줄 기업입니다. 그중 일부가 주식시장에 상장되어 있는 것이죠. 주가가 바닥을 기어가도 상관없습니다. 실제로 보유한 막대한 자산은 어디 가지 않기 때문이죠. 그래서 주식이 오르내리는 것은 관심이 없습니다.

조금 더 민감하게 파 보자면, 오히려 주가가 낮은 상황이 유지되는 것을 선호할 수도 있습니다. 바로 세금 때문이죠. 상속세와 증여

세 책정은 발생 시점 전후의 주가를 기준으로 만들어집니다. 주가가 낮을 때 상속/증여가 일어나야 가족이 내는 세금이 적어지는 것이죠. 이런 종류의 거버넌스^{Governance} 이슈는 한국 주식에 투자할 때 꽤 큰 변수가 됩니다. 하지만 초보가 이해하기엔 조금 벅찬 부분도 있으므로 더 깊게 설명하지는 않겠습니다.

한편 자산도 돈이 잘 벌릴 때 쌓이는 것입니다. 본업이 어려워지면서 손실이 누적된다면 어떻게 될까요? 애써 축적한 자산이 깎여나갈 수도 있습니다. 따라서 자산주로서의 메리트가 사라질 수도 있겠죠. 본업에서의 장사도 잘되는 곳을 골라야 합니다.

▍자산주 투자는 어떻게?

그렇다면 자산주는 언제 상승할까요? 일반적으로 촉매라고 부르는 변화를 찾아야 합니다. 보유한 부동산이나 다른 자산이 재평가되는 경우가 있습니다. 혹은 본업의 업황이 좋아져서 이익이 늘어날 때도 있습니다. 별다른 이유는 없는데 대중의 관심이 갑자기 늘어나기도 합니다. 이럴 때 시세를 받고 자산주의 주가는 오릅니다.

때로는 회생주나 성장주 못지않은 굉장히 큰 상승이 일어나기도 합니다. 특히 강세장의 후반부에 가면 자산주들이 업황 구분 없이 단체로 가는 경우가 있습니다. 2007년에 그랬습니다. 그때 자산주 투자로 재산이 크게 점프한 개미 투자자 선배님들이 꽤 있었습니다. 왜 그랬을까요?

강세장이 무르익으면 대부분 기업의 가격이 올라가 있습니다. 까놓고 말하면 저렴하게 살 게 없다는 뜻이죠. 그동안 돈은 벌었지만 마음은 불안합니다. 이럴 때 투자자들은 어떻게 할까요? 안전하면서도 가격 메리트가 있는 기업을 찾아다닙니다. 그리고 자산주가 그 조건에 부합해 매수세가 몰리게 되는 것이죠.

자산주 투자는 세 가지 방향으로 접근할 수 있습니다. 첫 번째는 그냥 사서 보유하는 것입니다. 특히 시총이 작은 자산주들은 거의 항상 소외되어 있는데요. 이런 것들을 찾아 깔고 앉으면 됩니다. 부동산을 살 때처럼 말이죠. 소외될 만큼 소외되면 단단한 하방도 생깁니다. 하방을 막고 버티다 보면 가끔 상승이 나옵니다. 별다른 이유가 없어도 주가가 오를 수 있습니다. 보통 3년 정도 보유하면 기회가 찾아옵니다. 그럴 때 조금씩 수익 실현을 하는 것이죠. 지루할 것 같나요? 생각보다 훨씬 지루하고 초조합니다. 하지만 생각보다 굉장히 잘 통하는 방법입니다.

두 번째는 촉매를 찾아서 투자하는 것입니다. 본업 회복이나 신사업 진출도 가능할 것입니다. 혹은 회생주들처럼 경쟁자가 줄면서 수혜를 볼 수도 있겠죠. 장사 잘되는 기업은 오랫동안 소외되지 않습니다. 여기서 주의해야 할 점이 있습니다. 촉매 아이디어는 간결하고 명확해야 합니다. 누구나 설득될 만큼 명확해야 군중의 수급이 생기겠죠? 그리고 촉매 기반으로 매수할 때는 매도 전략도 촉매에 맞춰야 합니다. 만약 내가 생각한 촉매가 불발이 되었다면 투자 아이디어 실패를 인정하고 팔아야 합니다.

"자산주라면 마음 편하게 보유할 수 있다면서요?" 하고 물을지도 모릅니다. 그런데 이건 자산주의 특성보다 내 투자 실력을 위한 것입니다. 아이디어는 맞을 때도 틀릴 때도 있습니다. 그러니 계속해서 아이디어의 검증을 받아야 합니다. 그래야 실력이 쌓입니다. 투자할 때마다 나한테 유리하게 해석하는 버릇이 생기면 안 됩니다. 장기적으로 투자 실력이 늘 수가 없습니다. 촉매 아이디어로 투자를 시작했으면 촉매 아이디어로 투자를 끝내야 합니다.

세 번째는 강세장 후반부에 자산주를 편입하는 것입니다. 강세장이 오면 대부분 업종이 과거에 비해 높은 밸류를 받게 됩니다. 그러다 보면 일찍부터 수익 실현을 한 돈들이 제일 살 만한 투자처를 찾습니다. 안전해 보이고 덜 올라 보이는 종목들로 옮겨 갈 때 자산주들이 재평가받을 기회가 옵니다. 하지만 강세장 자체가 흔한 일이 아니니까 쉽게 오는 기회는 아니겠죠.

07 종목 유형별 실수 모음집

        투자가 가능한 종목들의 유형을 알아봤는데요. 그렇다고 유형별로 수익이 그대로 나는 것은 아닙니다. 특히 투자에서 대부분의 손실은 몰라서가 아니라 알고도 실수를 저지르는 데서 발생합니다. 실수임을 알고서도 같은 실수를 반복하는 경우가 많죠. 사실 3년 이상 공부량이 쌓이면 지식이나 정보가 부족해서 투자에 실패하지 않습니다. 오히려 정보가 과도하게 넘치니 판단이 흐려지는 경우가 많습니다. 특히 심리적인 실수가 상당히 많습니다. 대부분의 투자 오류는 정보의 오류가 아닌 인간 심리의 오류라는 것을 명심하세요.

실전에서 각 유형의 기업들을 고르고 투자할 때 하는 대표적인 실수들을 미리 정리해 보겠습니다. 저도 겪은 것이고, 아직도 겪고 있습니다. 계속해서 어떤 실수를 저지를지 스스로에게 상기시켜야 합니다. 그러다 보면 매매 버튼 앞에서 손가락이 춤을 출 때, 한 번이라도 더 현명한 판단을 내릴 수 있습니다.

▌ 배당주의 함정 : 절대적 고배당에 현혹

배당금으로 몇 %나 주는지를 찾다 보면 높은 배당률에 현혹될 수 있습니다. 가끔 8% 이상, 심지어 두 자릿수가 넘어가는 배당률도 찾을 수 있는데요. 배당 수익률이 과도하게 높다면 그럴 만한 이유가 있을 것입니다. 바꿔 말하면 배당 수익률이 치솟을 만큼 주가가 오르지 않는 이유라고 할 수 있겠죠.

대부분은 본업의 업황 때문입니다. 그래서 배당률 자체가 너무 높은 종목들은 업황 분석 없이 바로 매수부터 하면 안 됩니다. 배당률보다 평가액 손실이 더 커져서 실패하는 경우도 종종 발생합니다. 업황이 꺾이며 배당금을 갑자기 줄이게 된다면? 배당도 못 챙기고 다른 투자자들이 패대기 치는 바람에 큰 손실을 볼 수도 있습니다. 이 회사가 향후에 지금보다 돈을 더 많이 벌 수 있다. 이런 업황의 전망이 없다면 배당 수익률만으로는 수익을 낼 수가 없다는 점 명심하시기 바랍니다.

성장주의 함정: 기업의 변화가 아닌 주가의 등락을 성장으로 착각

성장주, 갈 때는 화끈하게 갑니다. 때문에 달리는 말에 올라타서 수익을 내는 경우도 많습니다. 초보들이 성장주가 쉽다고 착각하는 이유이기도 합니다. 주가가 상승하면 성장주다, 이런 잘못된 프레임으로 접근하는 것이죠. 남들이 성장주라고 불러서 주가만 보고 따라 사는 사람이 상당히 많습니다. 이럴 때 잘못 상투를 잡으면 순식간에 큰 손실을 입을 수 있습니다. '주가가 오를 때 따라 사서 5%만, 10%만 먹자' 이런 마음으로 공부 없이 샀는데, 느닷없는 악재로 주가가 빠지며 후회하는 일이 생기기도 합니다.

반대의 경우도 있겠죠. 기업을 잘 알지 못하면 일시적으로 주가가 꺾일 때 어떻게 행동할까요? 과도하게 반응해서 다 팔고 도망가는 분이 많습니다. 그런데 일시적인 부침을 여러 번 맞으면서 수년 이상 장기 성장하는 기업도 있습니다. 장기 성장은 대부분 이런 심리적 영향 때문에 등락의 파고를 거치며 이뤄집니다.

그래서 잠깐 악재가 생겨서 주가가 꺾였을 때 이게 일시적인 일인지, 회사의 근간을 흔드는 일인지 신중하게 판단해 봐야 합니다. 10배 가는 기업을 10% 수익 내고 팔면 그것도 또 다른 형태의 실패가 될 수 있습니다.

회생주의 함정 : 턴 어라운드 시점을 조급하게 생각

　　　　　회생주의 경우 초보자들은 겁이 나서 잘 손을 못 대는 경우가 많습니다. 하지만 투자에 자신이 생기면서 조금씩 도전하기 시작합니다. 투자 경험이 부족할 때는 항상 인내심과 관련된 실수를 하게 되는데요. 특히 회생주는 진입 시점에서 충분히 기다리지 못하는 경우가 많습니다. '이제부터는 바닥을 찍고 회복될 수 있을 거야.' 이런 생각에 주식을 매수했는데 그 뒤로도 한참을 더 떨어지기도 합니다. 물을 타고 또 타도 전혀 회복되지 않는 수익률을 보며 절망하다가 손절해 버리죠. 꾸역꾸역 버텨서 본전을 찾고 나면 또 떨어질까 봐 불안감에 너무 일찍 팔아 버립니다. 그 뒤로 날아가는 주가를 보며 두 번 죽는 기분이 들기도 합니다.

　매수에 대한 인내심이 매도에 대한 인내심보다 중요합니다. 사람이다 보니 회생주에 접근할 때 희망적인 해석을 부풀리는 오류를 저지를 수 있습니다. 실제로는 더 오랜 시간이 있어야 원하는 시나리오대로 회복되는 경우가 많습니다. 이런 것들을 제대로 구분하려면 역시 해당 산업에 대해 깊은 공부가 필요하겠죠. 회생주들은 수년 전의 사이클을 공부해 보면 좋습니다. 언제 어떻게 좋아지는지, 어느 정도 밸류일 때 더 빠지지 않는지, 그런 것들을 미리 확인해야 합니다.

자산주의 함정 : 촉매 없는 자산주의
인내 기간을 과소평가

　　　　자산주도 회생주와 비슷합니다. 자산 가치만으로도 시가총액을 넘어가다 보니 마음은 일단 느긋합니다. 하지만 이것이 장점이자 단점이 될 수 있습니다. 실제로 시세를 받고 수익을 주는 기간은 굉장히 한정되어 있습니다. 수년을 보유해도 주가 변화가 없다가 한두 달 만에 몇 배의 수익이 만들어지는 경우도 있습니다. 그런데 그 짧고 강한 상승의 기간이 오려면 촉매가 필요합니다. 촉매가 없으면 몇 년이고 소외될 수 있습니다. 자산 가치만 믿고 자산주를 사면 재평가 기간까지 기다리지 못하고 중도 포기할 가능성이 매우 큽니다.

　　초보분들은 인내심 자체도 훈련이 필요합니다. 기다리면 되겠지 하지만 기다리는 게 말처럼 쉽지 않습니다. 1년을 갖고 있어도 온갖 고민에 빠집니다. 내가 틀렸나? 남이 틀렸나? 다른 건 저렇게 잘되는데? 내가 너무 미련한가? 주식 잘못 배웠나? 오오, 드디어 오르네? 앗, 금방 제자리로 가네? 역시 잘못 생각했나 봐. 이런 감정들을 다 거치고 나야 수익이 납니다. 그런 것들이 훈련되기 전이라면 기업을 더 착실히 분석해야 합니다. 본업의 회복이나 자산의 재평가 같은 확실한 촉매가 있는지, 있다면 언제 발생하는지. 이런 요소들을 보면서 매수 판단을 내려야 합니다.

결론은 간단합니다. 모든 종목의 본질은 기업입니다. 배당주, 성장주, 회생주, 자산주 이렇게 유형을 소개하긴 했지만 결국은 영리를 추구하며 열심히 일하는 기업들입니다. 사람들을 고용해서 일을 시키고 그 과정에서 수익을 창출하는 '회사'에 우리의 돈을 넣는 것입니다. 성장주라서, 회생주라서 사는 게 아니라 기업이 좋아지기 때문에 사는 것입니다. 결국은 회사의 성공 여부에 따라 투자 성공이 정해집니다.

4 장

대체 언제
사고팔아야 하나요?

종목 선정보다 중요한 것은 해당 종목에 대한 '올바른 투자'입니다. 종목은 감정이 없습니다. 우리가 돈을 잃기를 원하지도 않고 돈을 벌기를 원하지도 않습니다. 결국 우리가 잘해야 하죠. 그럼 '잘'이란 무엇일까요?

우선 '좋은 가격'에 매매할 수 있어야겠죠. 주식의 가격은 수시로 오르내리기 때문에 얼마에 샀느냐에 따라 투자의 성패가 갈립니다. 따라서 좋은 가격에 살 수 있어야 합니다.

수많은 시장참여자가 통상적으로 활용하는 방법이 있습니다. 기업의 돈벌이에 대해 다양한 배수를 메겨 전체 가격을 가늠하는 것입니다. 보통 멀티플이라고 부릅니다. 4장에서는 이 멀티플의 기본 개념을 확인한 후 어떤 가격에 사는 게 좋을지 보겠습니다.

01 내가 치를 가격은 내가 정한다

주식투자로 시세 차익을 내는 과정은 어떻게 진행될까요? 같은 주식을 사도 누군가는 돈을 벌고, 누군가는 돈을 잃습니다. 매수 시점이 다르기 때문입니다. 정확히 말하면 특정 시점에 치르는 가격이 다르기 때문입니다.

주식투자의 가장 어려운 점은 이런 상대적 차이에서 오는 '막연함'입니다. 같은 가격대에 샀는데 누군가는 잽싸게 돈을 벌고 나오고, 누군가는 고점에 물려서 큰 손실을 겪습니다. 같이 물렸는데 누군가는 버텨서 큰 수익을 내고, 누군가는 급등 직전에 손절해서 하염없이 가는 주가를 닭 쫓던 개처럼 쳐다봅니다.

내 위치가 어디인지 파악할 수 있다면 이런 막연한 느낌을 크게 보완할 수 있습니다. 간단한 주가 변동 흐름을 보여 드리고 이 부분에 대해 이야기해 보겠습니다.

아주 장기적으로 봤을 때 주가는 큰 방향성을 가집니다. 번창하는 기업은 더 위쪽을 향하고, 고만고만하게 자리를 지키는 기업은 수평으로 이동하겠죠. 쇠퇴하는 기업은 당연히 아래를 향합니다.

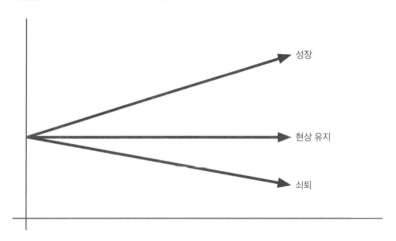

그림 11 아주 긴 방향성 그래프: 성장, 현상 유지, 쇠퇴

하지만 이 방향성을 약간 확대해 보면 자잘한 등락이 계속됩니다. 큰 방향성을 가운데 두고, 과도하게 비싸지거나 싸지는 과정을 겪습니다.

그림 12 중간선을 넘나드는 주가 변동 그래프

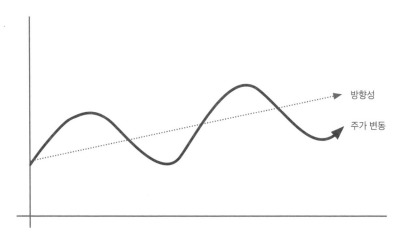

방향성

주가 변동

뒤에 더 언급되지만 여기서 중간을 가로지르는 선이 기업의 진정한 가치입니다. 이 선의 정확한 값은 알 수 없습니다. 아주 먼 미래가 지나야 어렴풋이 확인할 수 있죠. 하지만 아래위로 움직이는 실제 주가의 그래프를 보면 비싼 가격과 싼 가격을 확인할 수 있습니다.

문제는 비싼 가격과 싼 가격을 넘나드는 과정에서도 시계열을 좁히고 확대해서 보면 더 자잘한 등락을 반복한다는 점입니다. 이 자잘한 등락은 1% 미만일 수도 있고, 10% 이상일 수도 있습니다. 흔히 '프랙탈fractal'이라고 하는, 자기 복제를 계속하는 연속체에 대해 들어 보셨을까요? 프랙탈 모형은 아무리 확대해도 동일한 형태가 이어집니다. 주가도 이와 비슷합니다.

그림 13 프랙탈 모형과 주가의 유사성

흔히 이야기하는 데이 트레이더 혹은 단기 성향의 투자자라면 여기서 가장 확대한 그래프, 가장 단기적으로 발생하는 주가 변동을 보고 투자를 하겠죠. 시계열로 보면 한 달 이내, 하루 이내의 단기간에도 거대한 변동성과 닮은 작은 변동성이 생깁니다. 이 안에서 더 낮은 가격에 사서 더 높은 가격에 팔기 위해 노력하겠죠.

기업을 보고 투자하는 분들이라면 좀 더 긴 호흡을 가지길 권합니다. 가장 확대된 구간의 변동성은 기업의 진정한 가치, 즉 위쪽에 설명드린 큰 중간선과 전혀 상관없는 흐름을 보이기 때문입니다. 초보 입장에서는 매수할 만한 가격과 그렇지 못한 가격을 구분할 수가 없습니다. 따라서 기업 자체의 업황과 조금이라도 비교가 가능한 구간에서 판단을 내려야 합니다. 앞서 설명드린 수개월에서 수년에 걸친 시계열 구간입니다.

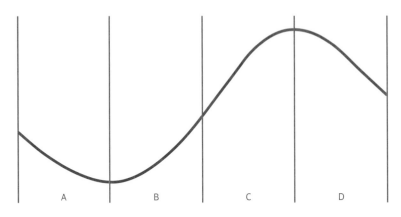

그림14 주가 변동 A~D의 구간 나눔 그래프

A   B   C   D

이 정도 시계열을 중점으로 주가 변동의 구체적 흐름을 살펴보겠습니다. 위에서 나눈 A~D는 완벽한 시작과 끝이 아닙니다. 오히려 무수히 이어지는 연속체의 한 부분을 잘라 온 것이라고 생각하시면 됩니다. 기업이 존속하는 한 주가 변화도 지속되니까요.

A 구간에서 군중들은 기업의 미래를 비관하기 때문에 가격이 과도하게 떨어집니다. 혹은 저평가된 가격에서 오랫동안 횡보하기도 합니다. 이 구간을 '오해의 생성' 구간이라고 하겠습니다. B 구간에서는 과하게 싼 가격이 오해가 풀리며 적정 가격으로 돌아옵니다. 주가로 보면 바닥을 찍고 상승을 시작하죠. 따라서 이 구간을 '오해의 해소' 구간이라고 부르겠습니다. C 구간에서는 상승하는 주가를

보며 군중의 관심이 늘어납니다. 인기가 높아지며 적정 가격보다 더 높이 오릅니다. 고점에서는 적정 가격과 상관없이 오르는 속도만으로도 사람들을 불러 모으게 됩니다. 여기를 '인기의 급상승' 구간이라고 하겠습니다. D 구간은 왜 발생할까요? 인기만으로 주식을 사는 어리석은 사람들이 동났기 때문입니다. 더 높은 가격에 떠넘길 사람이 오지 않으니 호가가 낮아지며 주가가 떨어집니다. '인기의 소멸' 구간이라고 볼 수 있습니다.

수익이 나는 구간은 B와 C의 구간입니다. 오해가 막 해소될 무렵 바닥을 찍고 상승하면서 수익을 내는 것이 B 구간입니다. 보통 저점 매수, 저평가 매수라고 부르기도 합니다. 이후 투자 기회, 기업의 변화가 알려지고 본격적으로 주가가 상승할 때 수익을 내는 것이 C 구간입니다. 추세 추종 매수라고 부르기도 합니다. 최고의 수익은 두 구간을 다 취하는 사람이 가져가겠죠? 하지만 쉽지 않습니다. 이론적 설명을 위해 구간을 나눠 놓았지만, 실제로는 어디가 B고 C인지 정확한 구분점이 없기 때문이죠. 주식판에서 '무릎에 사서 어깨에 팔아라' 같은 이야기가 자주 나옵니다. 그만큼 진정한 바닥과 꼭지를 맞히는 건 어렵다는 뜻이겠죠. 하지만 주식투자는 저점과 고점을 맞히는 시험이 아닙니다. 주가가 오르는 동안 시세 차익으로 돈을 버는 것이 목적입니다. 잃지 않고 벌 수만 있다면 크든 작든 성공입니다.

이런 시점 구분에서 초보 투자자들이 신경 써서 봐야 하는 구간은 어디일까요? 바로 C 구간입니다. C의 영역, 추세 추종 매매의 경우 '하방'이 열려 있습니다. 내려갈 때 크게 내려가 손실이 커질 수 있다는 뜻이죠. 미래에 대한 희망이 생기면 주가가 고공 행진을 할 수 있습니다. 이럴 때 주식을 사서 돈을 벌면 주식 자체가 쉬워질 수 있습니다. 반면 희망이 의심으로 바뀌게 되면 어떻게 될까요? 빠져나가려는 사람들로 인해 주가도 하락으로 전환합니다. 호재라고 생각했던 것이 생각보다 좋지 않을 때, 갑자기 나쁜 일이 생겼을 때, 추세전환이 발생하면 주가 하락도 매우 빠르게 일어납니다.

주로 주식에서 돈을 잃는 분들은 C의 마지막 무렵에 주식을 삽니다. 모든 것이 확실하고 알려졌을 때 심지어 주가도 크게 올라 그 주식을 모르는 사람이 없을 때 그제야 나도 한 푼 벌어 보겠다고 앞뒤 재지 않고 뛰어듭니다.

왜 내가 사기만 하면 떨어질까요? 당연히 주가가 떨어질 무렵에만 사기 때문이죠. 지금이 사서 잃을 구간인지, 사서 벌 구간인지 판단해야 합니다. A부터 D 중 어디에 있는지 알아야 합니다. 상식적으로는 B 무렵에 주식을 사는 게 가장 안전하다고 볼 수 있죠. 하지만 B인지 어떻게 알 수 있을까요? 여기서 우리는 '밸류에이션Valuation'이라는 단어를 배워야 합니다. 주식투자에서 적정 가격을 구하는 행위, '가치 평가'를 뜻합니다.

적정 가격을 구할 수 있다면 어떻게 될까요? 바로 기준점이 생깁니다. 적정 가격보다 싼 구간에서 산다면 단기적 주가 하락이 무섭지 않습니다. 언젠가 적정 가격으로 되돌아갈 테니까요. 그러면 매수가보다 높은 값에 되팔 수 있습니다. 주가가 하락해도 마음 편히 보유할 수 있을 뿐 아니라 적극적 매수로 대응할 수도 있습니다. 그래서 어떤 종목을 사기 전에는 반드시 밸류에이션을 해 보고 적정 가격을 구해 봐야 합니다.

한 가지 명심할 점이 있습니다. 적정 가격은 한 점으로 찍어서 정할 수 없다는 것입니다. 1만 1,500원 밑은 무조건 안전하다. 1만 1,600원부터는 사면 안 된다. 이런 식으로 판단할 수는 없다는 거죠. 밸류에이션에는 여러 평가 방법이 있습니다. 이런저런 방법을 써 보며 '대략적인' 적정 가격을 가늠해야 합니다. 정확한 가격은 절대로 알 수 없습니다. 왜 그럴까요? 기업의 상황과 사람의 마음은 계속 변하기 때문입니다. 기업이 어제까지 번 돈이 다르고 일주일 뒤 번 돈이 다르며, 1년 뒤 벌 돈이 다릅니다. 적정 가격은 유동적인 개념으로 받아들여야 합니다.

다시 주가의 변화를 생각해 보겠습니다. 기업의 주가는 시장참여자의 심리를 계속 반영합니다. 때문에 일정한 가격에서 머물 때는 거의 없습니다. 오히려 수시로 등락을 거듭하죠. 그래프를 다시 보여 드리겠습니다.

그림 15 중간선을 넘나드는 주가 변동 그래프

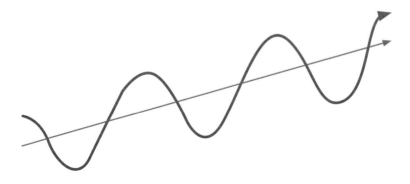

여기서 존재하는 큰 방향성, 중간선으로 보여지는 부분이 결국 해당 기업의 적정 가격입니다. 물론 가상의 선이기 때문에 정확한 값을 구할 수는 없습니다. 하지만 가장 적절하다고 생각되는 가격을 나만의 분석으로 유추할 수는 있습니다. 대략적인 범위를 구하는 것이죠. 이 범위보다 아래에 있을 때 주식을 사면 됩니다. 그러면 하락의 위험을 줄이면서 수익을 크게 내는 투자를 할 수 있습니다.

투자에서 돈을 벌기 위해서는 잃지 않아야 합니다. 잃지 않으려면 반드시 적정 가격을 고려해야 합니다. 그리고 그 가격보다 많이 쌀 때 매수를 합니다. 이게 많은 사람이 이야기하는 가치투자의 핵심입니다.

02 다른 사람들은 어떻게 가격을 매길까?

상장 기업이 아닌 동네의 자영업 가게라고 생각해 보겠습니다. 매년 1억씩 매출을 내는 가게가 있다면, 이 가게의 재료비, 관리비 등을 제외한 순수익이 월 500만 원씩 찍힌다면, 이 가게를 얼마에 인수해야 할까요? 이 가게가 깔고 앉은 자가 부동산의 가치가 7억이라면 얼마를 더 써야 할까요? 이 가게에서 물건을 만드는 핵심 시설이 2000만 원이라면 얼마를 더 내야 할까요? 만약 여태까지 벌어 놓은 돈을 가게 구석 금고에 보관하고 있다면, 그 돈이 1억 정도 된다면 어떨까요?

이렇게 가게의 사업성을 둘러싼 다양한 숫자를 평가해서 가게를 인수할 가격을 결정합니다. 부동산 상가의 세입자는 가게를 떠나면서 권리금을 받죠. 그런 것도 이 자리에서 장사를 할 때의 사업적 가치를 고려한 것입니다. 가게를 넘기는 대가를 받아 가는 것이죠. 주식투자를 할 때도 동일한 논리를 적용합니다. 구멍가게가 아닌 큰 기업체가 앞으로 벌 돈, 과거에 번 돈, 쌓아 둔 자산 이런 것들을 종합적으로 판단해야 합니다. 그러고 나서 중요한 질문을 해야 하죠.

"이 기업을 통째로 산다면 벌어 놓은 돈이나 벌어들일 돈에 몇 배나 주고 사야 할까?"

밸류에이션은 이런 돈의 흐름에 곱해 줄 숫자를 정하는 것입니다. 가령 매해 1억씩 따박따박 벌어들일 것을 기대한다면 1억에 이 가게를 파는 주인은 없겠죠. 1년만 버티면 팔지 않아도 1억을 벌 수 있고, 2년을 버티면 2억을 벌 수 있으니까요. 그런데 만약 가게 주인이 5년만 더 벌고 은퇴하고 싶다면 어떨까요? 가게를 인수하려는 사람에게 5배 정도 미리 받아 놓고 지금 끝낼 수 있다면 너무 좋지 않을까요? 만약 가게를 인수하려는 사람이 더 젊고 팔팔해서 10년은 더 운영하고 싶은데 5년치 수익만 미리 내서 가게를 살 수 있다면? 서로에게 윈윈이니 딜이 성사되어 가게가 팔리지 않을까요?

매수자의 입장에서 앞으로 얼마큼의 미래를 지불할 것인가? 이에 따라서 기업이 버는 돈의 배수만큼 가격을 지불하는 것입니다. 이런 곱셈을 주식투자자들은 '멀티플multiple'이라고 부릅니다. (멀티플이 곱셈을 뜻하는 영단어죠.) 미래를 기대하며 얼마나 큰 배수를 곱해 줄지가 기업을 살 때 치를 매수가의 핵심 변수입니다.

주가가 이토록 경박하게 널뛰는 이유가 여기에 있습니다. 사람들의 주관에 따라 한 기업에 치르고 싶은 가격이 달라지죠. 이 가격의 너머에는 기업의 시가총액이 있습니다. 이 시가총액을 기업이 버는 돈, 벌어들일 돈에 몇 배나 치를 것인가? 여기에 대한 각자의 생각이 다르기 때문에 주가가 계속 변하는 것입니다. 각자의 주관을 내세우며 서로 흥정을 합니다. 이런 거래가 이뤄지는 곳이 주식시장입니다. 주식시장에서 기업에 매겨지는 시가총액은 위와 같은 방법으로 결정됩니다. 그리고 기업에 대한 군중의 평가는 수시로 바뀝니다. 기업의 사업성도, 미래에 대한 사람들의 기대감도 수시로 변합니다.

주식시장에 처음 뛰어드는 초보라도, 어렴풋이 PER라는 재무비율에 대해 들어 본 적 있을 것입니다. PER, PBR 같은 재무비율 지표들은 주식투자의 비법이 담긴 절대 공식이 아닙니다. 줄자나 체중계 같은 도구라고 생각하시면 됩니다. 키나 몸무게 같은 물리적 실체가 아니라 기대감과 심리 같은 추상적 개념을 재는 도구인 것이죠. 그래서 절대적인 진실로 받아들이면 안 됩니다. 오히려 주식투자를 하기 전에 가장 중요한 질문을 던질 기준점으로 생각해야 합니다. '지금 주가가 PER 10배에 거래되고 있네? 그렇다면 사람들은 왜 10배를 주고 살까?' 이런 질문입니다.

PER, PBR, PSR 같은 '재무비율'을 통해 기업의 가격을 유추하는 것은 눈 가리고 코끼리를 만지는 것과도 같습니다. 눈이 가려진 상태에서는 절대로 완벽한 형상을 알아낼 수 없죠. 보이지 않는 것의 실체를 파악하려면 어떻게 해야 할까요? 가급적 코끼리를 많이 만져 봐야 합니다. 그것도 다양한 위치에서요. 코도 만져 보고, 다리통도 만져 보고, 꼬리도 만져 보고… 그래야 진짜 모습에 가깝게 상상할 수 있습니다.

단편적 숫자만으로는 기업의 체질을 충분히 알 수 없습니다. 매출액 대비, 순이익 대비, 자산 가치 대비, 수익성 대비 등등 여러가지 방법으로 재어 봐야 합니다. 이 기업이 역사적으로 어떤 평가를 받아 왔는지도 알아야 합니다. 또한 경쟁사들과 다른 산업군은 어떤 평가를 받는지도 살펴보면서 복합적인 비교 분석을 해야 합니다. 그런 꼼꼼한 분석을 토대로 현재 시장이 내리는 평가가 적정한지 판단합니다. 사람들의 판단이 과하게 박한지, 아니면 과하게 후한지 이런 것을 고민해 봅니다. 박한 주식을 사서 과한 상태에서 팔면 최고의 수익을 낼 수 있겠죠. 그것을 구분하는 기준점이 바로 밸류에이션입니다.

03 Price Ratio

주식을 공부할 때 제일 먼저 맞이하는 지표가 PER입니다. 용어사전도 검색해 보고 증권 사이트 등에서 찾아보기도 하면서 대충 뜻은 이해하게 되죠. 지금의 주가를 이익과 비교했을 때 비율이구나. 하지만 여전히 막연한 느낌을 지울 수 없습니다. 어떤 기업은 왜 PER이 100을 넘어가고, 또 어떤 기업은 1 근처까지 내려갔을까? 왜 똑같이 돈 버는 기업인데 숫자는 이렇게 차이나는 것일까?

이 질문들보다 선행되어야 하는 중요한 질문이 있습니다.

'사람들이 왜 PER라는 것을 만든 것일까?'

앞서 재무비율은 기업의 추상적 실체를 재어 보는 줄자나 체중계 같은 것이라고 말씀드렸습니다. 문제는 추상적 실체를 재는 것이기 때문에 정확하지 않습니다. 숫자가 저렇게 나오는데 무슨 말이냐고요? 숫자는 만들어지지만 이유가 정확하지 않다는 것이죠. 재무비율은 태생부터가 주관성이 가득 차 있는 모순적 지표입니다. Price, 가격에서부터 모순이 시작되기 때문이죠.

잠깐 P로 시작하는 다양한 재무비율을 살펴보겠습니다.

PER = Price Earning Ratio

PBR = Price Book Ratio

PSR = Price Sales Ratio

PCR = Price Cash Flow Ratio

PDR = Price Dream Ratio

패턴이 보이시나요? 모두가 Price Ratio, 즉 주가 대비 특정 지표의 '비율'을 다루고 있습니다. 이제 P*R이라고 불리는 모든 지표를 통으로 이해할 수 있습니다. 한 기업이 보여 주는 특정 숫자 대비, 현주가의 비율이 어느 정도인지를 확인하기 위해 이 P*R들이 만들어진 것입니다.

각 지표를 이해하기 위해서는 기업이 돈을 벌면서 회계 처리를 하는 과정을 이해해야 합니다. 회계란 말만 나와도 경련이 생기는 분들이 있죠. 최대한 쉽게 설명을 해 보겠습니다.

기업이 만들어 낸 제품이나 서비스를 최종 소비자에게 팔면 '매출액'이 발생합니다. 이 매출액이 PSR에서 Sales와 같은 의미입니다. 하지만 매출액 전체가 기업의 호주머니에 들어오지는 않습니다. 최종 매출을 발생시키기 위해 다양한 돈을 미리 쓰기 때문이죠. 광고비도 쓰고, 직원 월급도 주고, 만드는 제품의 원재료도 사고, 사무실 전기세도 내고…. 이렇게 다양한 비용이 나갑니다. 여기에 돈 벌고 나면 세금도 내죠. 최종적으로 기업이 손에 쥐는 '순이익'이 PER의 Earning입니다.

PBR에서 Book은 기업이 순이익을 쌓아 가며 부동산도 사고, 예금도 넣고, 주식도 사면서 모은 '자산'입니다. 마지막으로 Cash Flow, 즉 현금 흐름과의 비교를 하는 PCR 지표가 있습니다. 현금 흐름이란 기업 활동에서 벌어지는 돈의 유출입을 말합니다. 물건이나 서비스를 팔아 돈을 벌기도 하지만, 재화를 만들기 위해 돈을 쓰기도 하죠. 더 많은 제품, 더 좋은 제품을 만들기 위해 투자를 하기도 하고, 쌓인 돈을 굴려서 재테크를 하기도 합니다. 은행 등에 돈을 빌리며 이자를 갚기도 하죠. 이런 모든 돈의 흐름을 들어오는 돈과 나가는 돈으로 나누고, 유입과 유출의 차이인 '순현금 흐름'을 구할 수 있습니다. 이 순현금 흐름을 주가와 비교한 것이 PCR입니다.

개념들이 어려울 수도 있지만 결론적으로 이야기하면 기업 활동을 둘러싼 각종 수치들을 현재의 주가와 비교하는 것이 P*R들입니다. 여기서 우리가 가장 집중해야 할 개념은 바로 '변화'입니다. 기업의 매출, 이익, 자산, 현금 흐름은 항상 변화하는 수치입니다. 주가 또한 사람들의 호가 변화에 따라 수시로 변하죠. 그렇기 때문에 특정 시점의 특정 수치만 가지고 투자 판단을 해서는 안 됩니다. 수치가 어떻게 변화했는지, 앞으로 어떻게 변화할 것인지를 판단하는 것이 우리의 숙제입니다.

가령 특정 기업의 PER이 10이라면 그 기업은 싼 것일까요, 비싼 것일까요? PER이 10이라는 사실만으로는 알 수 없습니다. 이전의 PER이 얼마였는지, 미래 실적이 추가되었을 때 PER이 어떻게 변할 것인지, 비슷한 업종의 다른 기업들의 PER과 비교하면 얼마나 높거나 낮은지 등 총체적인 비교를 해야 합니다. PSR, PBR 등 다른 지표도 마찬가지입니다. PER만으로 알 수 없고, 다른 지표를 통합적으로 봐도 확신은 할 수 없습니다.

최종적으로 이런 류의 투자지표는 도구일 뿐입니다. 각종 도구를 통해 기업의 치수를 재어 보지만 매수할 만한지 아닌지는 스스로 결론을 내려야 합니다. 그래서 주식이 어려운 것이죠. 절대적 답이 존재하지 않으니까요.

특히 2020년에 등장한 PDR이라는 개념은 문제가 많다고 생각합니다. Price 'Dream' Ratio. '꿈'을 어떻게 측정할 수 있을까요? 이익이나 매출, 현금 흐름 등은 수치가 변화하기는 하지만 어찌되었든 수치로 기록이 됩니다. 하지만 꿈은 사람들의 심리 속에 존재하는, 계량화할 수 없는 개념입니다. 계량화가 안 되는 개념은 지표화할 수도 없습니다. 그보다 더 큰 문제는 사람들이 꿈을 대하는 태도에 있습니다. 꿈은 말 그대로 솟아날 수도 있지만, 사라질 수도 있습니다. 실체를 통해 만들어진 결과가 아니라 사람들의 환상이 만들어 낸 감정이기 때문에 언제든 0이 될 수 있습니다. 0이 곱해지는 순간 지표 또한 0으로 사라지게 됩니다.

당시 유행한 PDR이란 단어는 그 무렵 실적과 상관없이 지나치게 높이 상승한 일부 기업들의 주가를 설명하기 위해 만들어 낸 게 아닐까 생각합니다. 실제로 이듬해에 PDR과 함께 언급된 종목들의 수익률은 그다지 좋지 않았습니다. 그리고 우리는 중요한 교훈을 얻을 수 있습니다.

사람의 감정을 믿으면 안 된다.
주가는 언제든 비정상적으로 상승(또는 하락)을 할 수 있다.

비정상적 주가 변동이 발생하고, 그런 비정상적 변동에 이유를 만들어 끼워 넣는 사람들의 감정을 이해할 필요가 있습니다. 그런 분별력을 갖출 수 있다면 우리는 멋진 투자 기회를 얻게 됩니다. P*R이라는 재무비율을 만드는 이유는 주가흐름을 맞히는 절대 공식을 얻기 위함이 아닙니다. 이런 비상식적 주가 흐름이 난무하는 시장 속에서, 상식은 어디에 가까운지 확인하려는 '질문의 도구'입니다.

04 PER vs PBR

이번에는 대표 지표인 PER과 PBR을 비교하며 재무비율이 투자 판단에 어떻게 활용되는지 알아보겠습니다.

PER

1년 동안 버는 순이익—각종 비용과 세금을 떼고 남은 순수한 이익—이 100억인 기업이 있습니다. 이 기업의 시가총액이 1000억에 거래되고 있다면 이 기업의 PER은 10입니다. 1200억에 거래된다면 PER은 12입니다.

주식시장은 왜 어려울까요? 똑같은 돈을 벌어도 투자자들이 다른 평가를 내리기 때문입니다. 두 개의 기업이 똑같이 1000억씩을 버는

데도 어떤 기업은 PER가 10이고 어떤 기업은 PER가 20인 경우가 있습니다. 시가총액으로 보면 두 배 차이인 거죠. 심지어 다른 기업보다 돈을 훨씬 적게 버는 기업, 적자가 나는 기업들도 높은 PER를 받으며 비싸게 거래되기도 합니다.

왜 이런 현상이 생길까요? 간단히 예시로 들어 보겠습니다. 'A' 기업은 작년에 100억의 순이익을 냈습니다. 'B' 기업도 작년에 100억의 순이익을 냈습니다. 그런데 A 기업의 시가총액은 1000억이고(PER 10) B 기업의 시가총액은 2000억입니다(PER 20). 이유를 봤더니 A 기업은 올해 순이익이 50억 정도밖에 안 날 것 같습니다. 그런데 B 기업은 올해 순이익이 200억 정도 날 것 같습니다. 올해 말까지 현재 시가총액이 유지된다면 두 기업의 PER은 달라집니다. A 기업의 PER은 20이 되고, B 기업의 PER은 10이 되죠. B 기업이 A 기업보다 두 배 비싸게 거래된다고 생각했는데 1년 지나니 상황이 역전되는 것입니다.

그림16 A 기업과 B 기업을 비교하는 표

	A 기업	B 기업
현재 시가총액	1000억	2000억
작년 순이익	100억	100억
작년 이익 대비 현재 PER	10배	20배
올해 순이익	50억	200억
올해 이익 대비 예상 PER	20배	10배

기업의 실적은 수시로 바뀝니다. PER이 변하는 이유도 미래에 대한 군중의 예상을 수시로 반영하기 때문입니다. 하지만 장기적인 기록을 보면 PER값이 일정한 범위 안에서 움직이는 경우도 있습니다.

그림17 PER 밴드

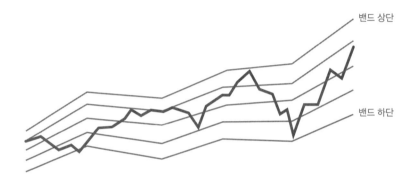

기업의 PER 변화를 보여 주는 밴드 차트입니다. 밴드는 PER이 가장 높을 때와 가장 낮을 때를 기준으로 지표의 변화 폭을 보여 줍니다. 대체로 주가는 이 밴드 사이에서 움직입니다. 그리고 밴드의 폭은 기업의 이익 규모에 따라 줄어들거나 늘어날 수 있습니다. 이를 통해 우리는 한 기업의 주가가 제일 비싸게 평가받았을 때와 제일 싸게 평가받았을 때를 확인할 수 있습니다. 직관적으로 봤을 때 밴드의 저점 부근에 있다면 싼 가격에 주식을 매입할 기회라는 것을 알 수 있죠.

그림 18 PER 밴드상에서의 매수 기회

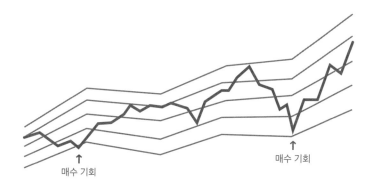

매수 기회

매수 기회

PBR

PBR도 비슷합니다. 다만 주가와 비교하는 대상이 순이익이 아니라 순자산이라는 점이 다릅니다. 쉽게 표현하자면 순이익은 '버는 돈', 순자산은 '쌓인 돈'입니다. 어떤 기업이 1000억의 자산이 있고 현 시가총액이 1000억이라면 이 기업의 PBR은 1입니다. 자산 가치가 1000억인데 시가총액이 800억이라면 PBR은 0.8이 됩니다.

A와 B 두 기업이 있습니다. 두 기업이 동일하게 1년에 100억씩 순이익이 납니다. A 기업의 시가총액은 1000억이고 B 기업의 시가총액은 2000억이라면? 표면적으로 B 기업이 A 기업보다 두 배나 비싸 보입니다.

그림 19 A, B 기업 비교표

	A 기업	B 기업
현재 시가총액	1000억	2000억
작년 순이익	100억	100억

두 번째 가정을 해 보겠습니다. A 기업은 통장에 500억 원의 현금이 있습니다. 그런데 B 기업은 2500억 원의 현금을 가지고 있습니다. 그렇다면 누가 더 저렴한 걸까요? A 기업을 통째로 산다고 가정하면 1000억 원을 내야 합니다. 대신 A 기업이 보유한 현금도 내 것이 되므로 실제 드는 돈은 500억이라고 볼 수 있습니다. 반면 B 기업을 산다면 어떨까요? 2000억을 내더라도 2500억의 현금이 내 것이 됩니다. 실제로는 500억을 공짜로 얻을 수 있는 기회나 마찬가지입니다.

그림 20 A, B 기업 자산 비교표

	A 기업	B 기업
현재 시가총액	1000억	2000억
보유 현금	500억	2500억
통째로 살 경우 실제 드는 돈	500억	-500억

수익가치와 자산 가치

　　PER에서의 순이익은 이 기업이 매순간 벌어들이는 수익에 대한 가치 평가입니다. 반면 PBR의 자산은 이 기업이 그동안 벌어서 쌓은 자산에 대한 가치 평가입니다. 이 차이를 이해한다면 어떤 기업에 PER과 PBR이 잘 먹히는지를 이해할 수 있습니다.

　PER 분석이 잘 통하는 기업들은 분기별, 연도별 이익의 변화가 일정하고 편차가 작습니다. 이익의 성장 추이가 일정합니다. 이렇게 이익 편차가 적은 혹은 성장률이 일정한 기업일수록 PER을 통해 가격을 매기기 용이해집니다. 매출이 꾸준한 필수소비재 기업이나 서비스 기업 등이 해당됩니다.

　반면 어떤 해에는 1000억을 벌다가 다른 해에는 500억으로 반토막 나는 기업에는 잘 맞지 않습니다. 오히려 이익이 일시적으로 줄게 되면 PER상으로는 매우 고평가되었다고 착각할 수도 있습니다. 이런 기업들의 경우 쌓아 놓은 순자산으로 비교를 해야 더 정확한 평가를 내릴 수 있습니다. 원재료 가격에 따른 수익 편차가 큰 기업, 공장 등 설비투자가 많이 필요한 장치 산업, 업력이 길어 축적된 자산이 많은 기업 등은 PBR을 통한 가치 평가가 더 잘 먹힙니다.

　이번에는 재무비율 밴드를 통해 기업의 주가 변화를 가늠하는 과정을 살펴보겠습니다. PER 밴드를 이용할지 PBR 밴드를 이용할지는 기업의 특성에 달려 있습니다. 알맞은 지표를 활용한다면 주가는 대체로 밴드 사이에서 움직입니다. 이를 통해 제일 좋게 평가받았을 때와 제일 박하게 평가받았을 때를 확인할 수 있죠.

직관적으로 봤을 때 밴드의 저점 부근에 있다면 싼 가격에 주식을 매입할 기회라는 것을 알 수 있습니다. 왜 저평가를 받는지 이유를 찾아보고 앞으로는 좋아질 여력이 있을지 예상해 봅니다. 만약 업황이 좋아질 희망이 보인다면 밴드의 하단에서 매수하고 주가가 오르기를 기다리면 됩니다.

가령 한 기업이 오랫동안 꾸준하게 5~10 사이의 PER을 받아 왔다면 어떨까요? 올해 실적은 100억이었고 현재 시가총액은 500억에 거래되고 있습니다. 그렇다면 지금의 PER은 5가 됩니다. 그런데 내년부터 이 기업에서 지은 새 공장이 돌아가고, 순이익이 1.5배 상승할 거라는 사실을 확인하게 되었습니다. 이 경우 아마도 이 기업의 시가총액은 1.5배 상승한 150억의 순이익을 기준으로 평가받을 것입니다. 특히 그간 받아 온 5~10의 PER 사이에서 움직일 가능성이 높습니다. 그러면 150×5~10=최소 750억에서 최대 1500억까지 시가총액이 상승할 거라고 판단할 수 있습니다.

우리나라 기업, 특히 사이클 성향이 높은 기업의 경우 PBR 밴드를 통한 매수 판단이 용이한 편입니다. 업력이 긴 사이클 기업들의 경우 역사적 PBR 저점을 어렵지 않게 확인할 수 있고, 해당 구간에 들어섰을 때 분할 매수하고 기다리면 좋습니다. 인내심이 있느냐 없느냐의 문제는 별개지만요.

이것이 재무비율과 그 범위를 나타내는 밴드를 활용한 투자의 기본 개념입니다. 하지만 기업의 상황은 얼마든지 바뀔 수 있으므로 꾸준한 모니터링이 필요합니다. 시설 확충이 계획대로 진행되는지, 완료 후 제대로 돌아가서 이익이 증가하는지, 갑작스런 경쟁자의 출현은 없는지, 제품 가격은 똑같이 받을 수 있는지, 보유 자산의 재평가 계획이 있는지, 신사업에 진출할 계획이 있는지, 신사업이 성공할 수 있을지… 관찰할 것은 매우 많습니다. 이런 업황 분석이 역사적 평가 구간을 만났을 때 더 정교한 투자 계획이 만들어집니다.

05 적정 가격은 얼마일까?

적정 가격은 무엇일까요? 그리고 주식투자에서 적정 가격은 왜 중요할까요?

주식에서 시세 차익이 나려면 두 가지가 필요합니다. 가격이 오르는 이유라고 볼 수 있겠죠.

1. 기업이 돈을 더 많이 벌었다.
2. 기업에 대한 사람들의 평가가 더 좋아졌다.

돈을 더 많이 버는 건 기업의 책임입니다. 실적을 더 잘 내는 것이죠. 반면 평가가 좋아지는 건 군중들의 몫입니다. 특정 기업이 더 좋게 느껴지면 평가도 더 좋아집니다.

상장되어 있는 기업의 시가총액은 어떻게 정해질까요? 항상 거래되는 시가에 따라 수시로 변동되므로 시가총액을 한 점으로 정할 수는 없습니다. 그래서 앞서 설명한 P*R들이 사용되는 것이죠. 기업의 매출/이익/자산 등의 '돈벌이'에 비해 얼마 정도의 규모로 거래되는지를 비교해 봅니다. 그를 통해 현재 시가총액이 어느 정도인지 가늠하는 것이죠.

어떤 기업이 시장에서 거래될 때 대체로 순이익의 10배 정도로 평가를 받고 있었다고 하겠습니다. 그런데 버는 돈이 두 배로 늘어난다면 그리고 통상 거래되던 10배 정도의 평가가 유지된다면? 기업의 주가는 2배로 오를 것입니다. 이번에는 다른 기업이 평소 순이익의 3배 정도 평가를 받고 있었다고 하겠습니다. 그런데 어떤 이유 때문에 6배 정도 높아진 배수로 평가를 받을 수도 있습니다. 그 경우 기업의 실적이 고정되어 있더라도 주가는 2배로 올라갈 것입니다.

보통 큰 시세 차익이 생기는 경우는 실적이 좋아지면서 기업에 대한 평가가 같이 좋아지는 경우입니다. 기업도 돈을 잘 벌고, 그에 따른 기대감도 커지는 것이죠. 실적이 두 배 오르고 평가도 두 배 오르면 주가는 네 배나 오를 수 있습니다.

그래서 적정 주가를 구하려면,

1. 기업이 기록할 실적을 예측해야 하고,
2. 사람들이 평가할 배수를 예측해야 합니다.

이제 이런 궁금증이 생길 수 있습니다. 버는 돈은 그대로인데 평가만 좋아질 수 있을까요? 왜 어떤 기업은 3배 평가를 받는데 어떤 기업은 10배 평가를 받나요? 실제로 이런 일이 자주 발생합니다. 기업별로 평가받는 배수가 다른 이유는 비즈니스 모델과 업황이 다르기 때문입니다. 긍정적인 미래가 예상되는 기업은 더 높은 배수를 받을 수 있습니다. 반대의 경우도 마찬가지입니다. 배수, 즉 '멀티플'은 정말 주관적입니다.

PER이 50배인 회사가 있습니다. 지금 버는 돈으로는 50년 기다려야 원금 회수가 된다는 뜻이죠. 이렇게 고평가된 주식들이 주가는 더 잘 오를 때도 있습니다. 회사가 성장하고 있기 때문에 내년, 내후년에는 올해보다 몇 배 더 잘 벌 거라는 희망이 있기 때문입니다. 희망이 낳은 관심이 수급이 되어 주가를 올립니다. 그 기업의 주가가 더 올라서 PER이 100배가 가는 경우도 생깁니다.

반대로 PER이 2, 3 하는 회사도 있죠. 매해 회사의 시가총액 절반을 버는데도 아무도 주식을 안 삽니다. 회사의 미래가 정체되거나 어둡다는 전망 때문입니다. 결국 2, 3배를 주는 것과 100배를 주는 것은 옳고 그름의 문제가 아닙니다. 주관 차이입니다. 현재 시장에서 거래되는 한 기업의 멀티플은 대중의 주관이 수렴된 값이라고 보시면 됩니다.

이런 이유 때문에 생기는 함정이 하나 있습니다. 'PER의 역설'이라고 부르는데요. PER은 사람들이 주관으로 매긴 것이기 때문에 기업의 이익이 평균치를 벗어났을 때 큰 오류가 생길 수 있습니다. 어떤 기업의 실적이 일회적으로 매우 나빠진다면 어떻게 될까요? 평소 PER이 15~25 사이를 오갔다고 하겠습니다. 100억 벌 때 PER 20을 받았다면 시가총액은 2000억 원입니다.

그런데 이익이 갑자기 깎여서 10억밖에 못 번 해가 있다면 어떻게 될까요? 시총의 변화가 없었다면 PER은 200이 될 것입니다. 그러면 갑자기 엄청난 고평가 회사처럼 보이게 됩니다. 주가가 반토막이 났다면 어떻게 될까요? 그래도 PER은 100입니다. 100년은 기다려야 원금 회수가 된다면? 살 마음이 들지 않겠죠. 하지만 기업의 주가가 고평가된 것이 아닙니다. 기업의 실적이 빠진 것입니다. 만약 이런 실적이 일회성이고 머지않아 원래 실적으로 돌아온다면 어떨까요? PER이 갑작스럽게 높아진 시점이 반대로 절호의 매수 기회가 될 수 있습니다.

그림 21 이익이 일시적으로 훼손되었을 때 PER가 높아지면 오히려 매수 기회가 된다

	평년	이익 훼손	주가 반토막	이익 복구
시가총액	2000억	2000억	1000억	1000억
순이익	100억	10억	10억	100억
PER	20배	200배	100배	10배

이 기업이 일회적으로 한 500억 정도의 큰 이익을 냈다고 하겠습니다. 그러면 시총이 2000억 원일 때 PER이 4로 줄어듭니다. 평소 15~25를 받던 기업이 4가 된다면 엄청나게 싸 보입니다. 사람들이 주식을 사서 주가가 두 배 정도 올랐다면? 그래도 PER은 8밖에 되지 않습니다. 여전히 싸 보입니다. 만약에 이게 한 번 우연히 발생한 호재라면 어떨까요? 예를 들어서 코로나 팬데믹 때문에 갑자기 수혜를 입은 거고, 바이러스가 종식되면 사라질 이익이라면 어떨까요? 시총이 두 배나 올랐는데 PER이 낮아 보인다고 주식을 사면 고점에 물릴 수도 있습니다. 같은 상황이 다시 발생할 가능성이 적기 때문입니다.

그림 22 이익이 일시적으로 튀었을 때 PER가 낮아지면 오히려 고점이 될 수 있다

	일회성 큰 이익	주가 더블	이익 회귀
시가총액	2000억	4000억	4000억
순이익	500억	500억	100억
PER	4배	8배	40배

특히 우리나라 기업들은 이익이 들쭉날쭉한 경우가 많습니다. 업황 사이클을 타고 어쩔 땐 아주 많이 벌었다가 다른 때는 심하게 못 벌 수도 있습니다. 그래서 이익 대비 시총을 표시하는 PER값이 시차적 오류를 가질 수 있습니다. 한 박자씩 어긋나는 거죠. 일시적 업황

바닥에 PER이 치솟고, 업황의 정점에서 PER이 가장 낮아질 수 있습니다. 이런 일을 겪은 투자 선배들이 하는 말이 있습니다.

"고PER에 사서 저PER에 팔아라!"

실적이 망가져서 PER이 치솟았을 때(지표상으로 비싸게 보일 때) 사고, 이익이 정점에 달해서 PER이 낮아졌을 때(지표상으로 싸게 보일 때) 팔라는 뜻이죠.

가치 평가, 즉 적정 가격을 구할 때는 미래의 이익을 예측하는 게 우선입니다. 미래에 지금보다 돈을 많이 벌 것 같다면 사면 됩니다. 기업의 상황이 좋아져 사람들의 관심이 많을 때 팔면 됩니다. 지금보다 좋은 실적이 나와서 이익이 커지고, 이익만큼 자산이 늘어난다면 실적에 관심이 곱해져 주가의 상승을 기대할 수 있습니다.

쉽게 이야기해서 지금보다 미래에 돈을 더 잘 벌어야 주가가 오르는 거고, 미래에 비해서 지금 주가가 쌀 때가 매수를 고민할 시점입니다. 주식판에서 '실적은 영원한 테마'라고 이야기하는 것도, 실적이 예상외로 잘 나오는 기업들은 항상 주가 상승이 따라오기 때문입니다.

5장

어떤 순서로
투자를 하나요?

종목도, 가격도 잘 골라야 합니다. 하지만 그보다 더 중요한 것이 있습니다. 투자는 한 번 하고 끝나는 게 아니라는 사실입니다. 성공 케이스를 누적시켜야 장기적으로 자산이 불어납니다. 그러기 위해서는 일정한 방법을 반복할 수 있어야겠죠. 개인별로 투자 방법과 요령은 다르겠지만 성공적인 투자자가 공통적으로 실천하는 요소들이 있습니다.

5장에서는 투자 아이디어를 찾아 종목을 선정하고 공부하는 법, 투자를 실행하여 성공적으로 수익을 만드는 법을 고민해 보겠습니다. 거기에 더해 성공한 투자와 실패한 투자를 구분하는 법도 이야기하고자 합니다.

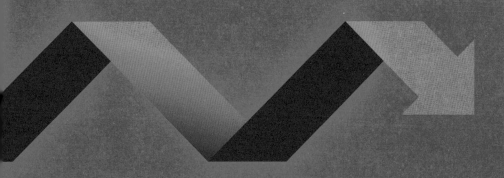

01 주식투자 프로세스 4단계

주식투자는 기업 한두 개 투자로 끝나는 간단한 활동이 아닙니다. 종목 하나로 초대박 성공! 과감하게 은퇴! 모두가 꿈꿀 테지만 과연 그렇게 쉽게 풀릴까요? 그렇다면 이미 누구나 주식으로 부자가 되지 않았을까요? 주식투자는 최소 수십 년을 이어 가야 하는 마라톤입니다. 중간에 낙오되는 사람도 무수히 많죠. 끊임없이 다양한 투자 기회를 저울로 재고, 그때그때 최고의 투자처로 돈을 옮겨 가는 수고가 필요합니다. 주식투자는 고도로 복잡한 지적 활동입니다.

초보분들은 혼란을 안고 주식에 입문하게 됩니다. 이것저것 읽고, 여기저기 돈 넣어 보고, 벌어도 잃어도 보고… 정신이 없습니다. 내가 뭘 하는지 모르는 상태에서 시간만 갈 수도 있습니다. 정리되지 않은 경험만 가득 쌓이게 되면 한 실수를 또 하고 제자리걸음만 할 수도 있습니다. 따라서 투자 경험 하나하나에서 남는 게 있어야 합니다. 흔히 수익을 내야만 남는 게 있다고 생각하지만 그렇지 않습니다. 오히려 초기에는 크지도 않은 수익금보다 해당 종목에 투자해 본 경험 자체가 더 소중한 자산입니다. 하지만 이런 경험을 내 것으로 만들기 위해서는 체계가 필요합니다.

투자를 시작하고 끝내는 과정을 프로세스로 정리해 놓으면 도움이 됩니다. 기업들이 일하는 방식과도 같습니다. 회사는 주먹구구식으로 아무렇게나 일을 하지 않죠. 일하는 순서를 정하고 그 순서를 지킵니다. 그리고 일이 끝나면 복습을 해서 더 좋은 방법을 만들며 진화합니다. 개인 투자자도 똑같이 활용할 수 있습니다. 매 투자마다 프로세스를 갖추고, 체계가 있는 투자 레코드를 하나씩 쌓으면 어떨까요? 시간이 지날수록 더 능숙하게 투자 결정을 할 수 있습니다. 자연히 더 좋은 수익을 내는 선순환 효과를 누릴 수 있습니다.

이번 장에서는 투자 과정을 네 개의 큰 덩어리로 나누어 봤습니다. 물론 디테일한 부분은 각자의 투자 성향이나 종목의 특징별로 달라질 수 있습니다. 하지만 초보분들이 개념을 잡을 수 있도록, 일반적인 투자자들이 거치는 굵직한 활동들을 정리해 봤습니다. 네 개의 프로세스는 다음과 같습니다.

1. Ideate 아이디어 발굴

2. Analyze 기업분석

3. Invest 투자 집행

4. Exit 매도 및 복기

그림 23 **투자 프로세스 4단계**

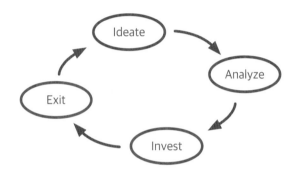

1. 우선은 투자 아이디어를 수집^{Ideate}합니다. 우리는 다양한 경로를 통해 투자 아이디어를 수집할 수 있습니다. 수동적인 경로―리포트나 스터디 등 남에게 들은 기업―도 있고 능동적인 경로―내가 발견한 기업―도 있습니다. 그런 정보들을 소화하면서 투자 아이디어와 관심 종목을 추려내는 과정입니다.

2. 두 번째로 관심이 생긴 기업을 세부적으로 분석^{Analyze}합니다.

해당 기업에 대한 전문적인 자료들을 찾아보고, 바로 확인되지 않는 정보들은 추가로 리서치를 하며 수집합니다. 이 기업의 적정 가치는 얼마로 매길 것인지, 현 주가에서의 기회 요인은 어느 정도인지—살 만한 가격인지—를 파악합니다.

3. 세 번째는 투자 집행Invest입니다. 적절한 전략 없이 큰돈을 밀어 넣고 기도하는 것은 투자가 아니라 도박입니다. 투자 비중 결정, 분할 매집, 추적 관찰, 리밸런싱 등을 통해 투자 기업을 관리하는 과정이 모두 포함됩니다.

4. 마지막으로 최종 매도 결정Exit을 합니다. 수익이 났을 경우 익절을 통해 돈을 벌 수 있고, 반대로 손절매를 통해 손실을 확정 지을 수도 있습니다. 그보다 중요한 것은 매도 후 해당 종목의 투자 여정에 대한 복습입니다. 투자 과정에서 잘한 점과 못한 점을 구분해야 합니다. '복기'를 통해 성공 공식을 복제하거나 실패 요인을 피해 갈 수 있는 경험치를 얻는 것이 목표입니다.

기업을 발굴하고 수익을 낸 후 그 과정을 진화시켜 새로운 투자에 활용하는 것, 이것이 올바른 프로세스입니다. 따라서 투자 프로세스는 앞서 보여 드린 독립적인 사이클, 일회성 사이클이 아니라 지속적으로 이어지는 사이클의 연속체로 봐야 합니다.

그림 24 투자 프로세스의

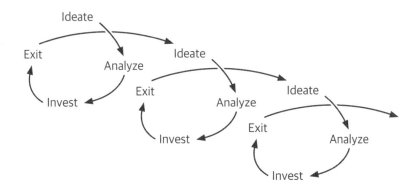

02 Ideate_투자 아이디어 찾기

"투자 아이디어는 어디서 찾나요?"

초보분들이 하는 질문입니다. 실은 좀 배운 분들이 이렇게 질문합니다. 대다수는 좀 더 원초적으로 질문하죠.

"뭐 사야 해요?"

뭘 사야 하는지 딱딱 알아맞추는 사람이 있을까요? 그렇다면 이미 조 단위의 부자가 되어 있어야 합니다. 게다가 밑도 끝도 없이 종목을 구걸하는 일반인들과는 말 상대를 하지도 않겠죠.

모두가 '돈 버는 비결'을 궁금해 합니다. 하지만 대부분의 돈을 버는 투자자들도 철저히 오픈된 정보에 의존합니다. 누구나 알고 있는, 어디에든 나와 있는 정보를 봅니다. 대신 경험치를 통해 널려 있는 정보 중 '돈이 되는' 정보를 걸러 내는 2차적 사고 능력이 단련되어 있죠. 수많은 수평적 정보 속에서 돈이 될 아이디어를 '상상해' 낼 줄 아는 것이죠.

우선 투자 아이디어를 찾는 원천들을 접근법에 따라 구분해 보겠습니다.

| 1. Top Down 접근법

탑다운 접근은 거시경제 기반의 접근법입니다. 우선 커다란 경제 흐름을 분석하고 '앞으로 좋아질 산업' 혹은 '앞으로 나빠질 산업'을 구분합니다. 거기에 따라 투자 대상을 좁혀 나가는 방법입니다. 매크로 정보, 더 상위 개념의 정보에서 출발해 세부 기업으로 좁혀 가기 때문에 탑다운이라고 부릅니다. 가령 "인터넷이 발달해서 데이터 트래픽이 늘어난다면 어떤 산업이 수혜를 입을까?" 이런 질문을 하는 것이죠.

이런 접근법에서도 두 가지 방향이 있습니다. 하나는 산업군을 '섹터'로 나누어 놓고 더 좋은 섹터를 고르는 방법입니다. 다른 하나는 정부나 공공의 '정책' 변화를 보고 거기에 맞는 수혜 기업을 찾는 방법입니다.

❶ Sector : 메가 트렌드/성장섹터/불황섹터

거스를 수 없는 큰 트렌드 흐름이 발견된다면 거기에서 수혜를 입는 산업을 찾을 수도 있습니다. 혹은 최근에 소비자들에게 큰 인기를 끄는 제품이 있다면 그와 관련된 기업들을 찾아볼 수도 있습니다. 반대로 지금은 너무 어려운 상황이지만 조만간 흐름이 바뀌며 크게 회생할 수 있는 산업이 무엇인지도 찾아볼 수 있습니다.

❷ Policy : 행정/금융정책

정부 정책의 변화에서 투자 아이디어를 발굴할 수도 있습니다. 법규와 행정에 대한 정책일 수도 있고, 금리 변동 등 금융정책일 수도 있습니다. 특히 정부가 바꾸는 것들은 기업 환경에 그대로 영향을 주기 때문에 산업에 큰 변화가 생길 수 있습니다. 그에 따라 요긴한 투자 아이디어가 파생되기도 합니다.

2. Bottom Up 접근법

바텀업 접근은 탑다운과 반대로 기업 자체에서 출발해 투자 아이디어를 세우는 방법입니다. 정통 가치투자에서는 업황이나 산업과 무관한 기업 자체의 밸류에이션을 중요하게 여기기도 합니다. 지금 당장 하나의 기업이 본질적인 가치보다 저렴하게 거래된다면, 그 기업이 적정 가치로 돌아오기만 해도 돈을 벌 수 있는 것이죠. 세일 기간에 30% 할인된 새 티셔츠를 사서 세일 기간이 끝났을 때 원래 가격에 되파는 것과도 비슷합니다. 개인이 적용하기 좋은 바텀업 기업 발굴법은 아래와 같습니다.

❶ Charts : 신고가/신저가/장기횡보

가치투자에서 차트는 무용하다고 하지만 기업을 찾아볼 때 유용하게 사용할 수도 있습니다. 차트를 보고 가격을 예측하는 게 아니라 투자할 만한 기업을 찾아보는 것이죠. 52주 신고가, 신저가를 통해 지금 가장 상황이 좋거나 나쁜 기업을 찾아볼 수 있습니다. 그리고 현재 이 기업의 주가 흐름이 좋거나 나쁜 이유를 생각하면서 투자 아이디어를 만들 수 있습니다.

그보다 더 실용적인 방법은 몇 년 동안 큰 변화 없이 횡보하는 차트의 기업을 찾아보는 것입니다. 장기적으로 차트가 지루해진 기업 중 새로운 변화(촉매)가 가능한 기업을 찾는다면, 그 변화가 현실화되었을 때 주가가 상승하며 수익을 낼 수도 있습니다.

❷ Revenue : 실적 발표

분기별로 한 번씩 이뤄지는 실적 발표 때 기업들의 실적을 꼼꼼히 챙겨 보면 좋습니다. 본격적인 변화가 생기는 시작점을 발견할 수 있기 때문입니다. 혹은 실적 발표 때마다 개선되는 숫자를 보여 줬음에도 주가는 변하지 않은 기업들을 찾을 수 있습니다. 이런 기업은 깊게 분석해야 합니다. 앞으로도 성장이 유지될 가능성이 보일 때, 남들보다 앞서 투자 기회를 찾을 수 있습니다.

3. Filtering : 계량투자

　　Quantitative라는 단어에서 파생되어 '퀀트Quant'라고 부르는 계량투자는 재무제표 등을 통해 유망한 기업들을 한꺼번에 비교합니다. 일정한 규칙에 따라 걸러진 기업들을 기계적으로 투자하는 접근법입니다. 산업 분석과는 조금 다르지만 장기적으로 검증된 확률을 통해 투자하는 방법입니다.

　재무비율 수치가 좋은 기업들은 주가 상승이 일어날 기회가 '확률적으로' 많습니다. 대표적인 사례가 조엘 그린블라트의 '마법 공식'입니다. 마법 공식이라는 단어로 검색해 보시면 자세한 방법을 찾을 수 있는데요. 우선 상장된 전체 기업을 필터링한 후 주가 대비 이익률이 높은 기업의 순위와 주가 대비 자본 수익률이 높은 기업의 순위를 구합니다. 그리고 두 항목의 합산 순위가 높은 기업들의 리스트를 구합니다. 이 리스트 속 상위 20~30개 기업에 기계적으로 투자하고, 정기적으로 등수를 다시 매겨 교체 매매를 하는 투자 방법입니다.

　등수에 든 기업의 주가가 무조건 오르지는 않습니다. 미래에 업황이 어떻게 바뀔지 모르기 때문이죠. 하지만 재무비율이 우량한 기업들은 확률적으로 주가 상승이 일어날 가능성이 높습니다. 그런 기업들을 모아서 평균 수익률을 내면, 시장 수익률보다 더 좋은 성과를 낼 수 있다는 논리입니다.

4. Scrap : 미디어 수집

투자에서 가장 재미있는 점은 정보의 소스가 무궁무진하다는 것입니다. 전 세계의 모든 투자자가 돈을 벌고자 합니다. 그리고 그런 열망들은 매일 막대한 양의 정보를 (거의 공짜로) 생성하고 있습니다.

❶ News : 가격/수주/정책 등

뉴스는 어디에나 있습니다. 언제 어디서나 공짜로 읽을 수 있기 때문에 좋죠. 대신 너무 많은 뉴스가 쏟아지기 때문에 선별적으로 읽어야 합니다.

투자자가 뉴스를 볼 때 중점적으로 봐야 할 것은 무엇일까요? 기업의 변화를 촉진시키는 사회적 변화들입니다. 제품 가격의 변화, 수주산업의 새로운 일감 수주, 정부의 정책 변화, 사람들의 선호도 변화 등 정보들이 뉴스를 통해 매일 쏟아집니다. 거기서 수혜를 입거나 악재를 맞을 특정 기업을 찾을 수 있습니다.

❷ Reports : 산업/기업

증권사 리포트는 투자자의 시점으로 개량된 좋은 정보원입니다.

하지만 주의할 것이 있습니다. 애널리스트도 사람이기 때문에 주관이 섞일 수밖에 없습니다. 리포트를 읽을 때는 '나만의 관점'으로 재해석하는 능력이 필요합니다. 특히 초보 때는 산업 리포트를 위주로 업황과 관심 산업에 대한 스터디를 하는 게 우선입니다. 그 후 관심이 생기면 세부 기업 리포트를 보면서 애널리스트들의 의견을 참고해야 합니다.

❸ SNS : 블로그/유튜브/기타 서비스

앞서 말한 것처럼 요즘은 모든 정보가 오픈되어 있기 때문에 실력 있는 개인 투자자도 상당히 많습니다. 우리는 투자 아이디어를 이런 분들의 SNS에서 상당히 많이 건질 수 있습니다. 대신 리포트와 마찬가지로 나만의 해석을 하는 게 중요합니다. 맹목적인 고수 추종은 절대 금물이죠.

투자 아이디어를 찾는 것은 어렵지 않습니다. 오히려 너무 많은 투자 아이디어가 난무하는 것이 문제입니다. '확산과 수렴'이라고 이야기하죠. 이런 많은 원천에서 수많은 투자 아이디어를 접하다 보면 점점 내 관점에 맞는 아이디어들을 걸러 낼 수 있습니다.

초보 투자자들이 초기에 훈련해야 하는 것은 무엇일까요? 하나의 아이디어를 접했을 때 가급적 빠르게 아래 세 가지 중 하나로 분류하는 것입니다.

1. 더 공부할 가치가 있다.

2. 더 공부할 가치가 없다.

3. 잘 모르겠다.

가령 주중에는 수많은 아이디어를 받아들이며 1/2/3 중 하나로 분류를 해 두고, 주말에는 1번에 해당된 아이디어들을 집중적으로 공부할 수 있습니다. 이런 식으로 집중력을 발휘할 아이디어와 종목을 빨리 추려내야 합니다. 그렇지 못하면 수만 개가 넘는 투자 아이디어에 휩쓸려 시간과 판단력을 잃어버릴 수 있습니다.

03 Analyze_기업분석하기

　　첫 번째 Ideate 단계에서 관심이 가는 종목이 생겼다면 어떻게 해야 할까요? 절대 하지 않아야 할 행동은 알려 드릴 수 있습니다. 다음 날 출근하자마자 화장실에 숨어 그 종목을 매수하는 행동입니다. (실제로 주식 붐이 인 이후 9시 무렵 회사 화장실이 정말 붐비고 있죠.) 매수에 들어가기 전에 좀 더 분석을 해 봐야 합니다.

　　확률의 문제입니다. 어느 날 문득 지나가다 마주친 사람이 내 운명의 결혼 상대일 확률이 얼마나 될까요? 적어도 결혼 상대인지 확신이 생기려면 데이트도 해 보고 싸움도 해 보고 화해도 하면서 알아갈 시간이 필요합니다. 어제 처음 만난 사람과 다음 날 결혼하는 사람은 없습니다. 투자할 종목도 마찬가지입니다. 우연히 처음 접한 종목이 최고의 투자수익을 주는 경우는 거의 없습니다.

그렇다면 발견한 종목을 어떻게 더 알아가야 할까요? 아이디어 수집 때와 크게 다르지는 않습니다. 대신 좀 더 디테일하게 살펴봄으로써 투자 아이디어를 검증해 보는 과정입니다.

1. Annual Report : 사업/반기/분기보고서

관심 가는 기업을 발견했을 때 제일 먼저 해야 하는 것은 사업보고서 읽기입니다. 분기마다 한 번, 1년에 총 네 번의 보고서가 나오므로 가장 최근에 공시된 보고서를 보면 됩니다. 해당 기업의 비즈니스 모델과 재무 상태, 주주 구성 등 세부 내용들을 꼼꼼히 확인합니다.

특히 기업의 과거 상황을 찾아보면 도움이 됩니다. 장기 차트에서 하락하던 구간과 상승하던 구간이 언제인지 찾아본 후, 그 무렵의 사업보고서를 찾아 읽어 보는 것이죠. 이를 통해 언제 기업이 나빠지고 좋아지는지, 나아가 어떤 시점에 주가가 오를지를 유추해 볼 수 있습니다.

2. Analyst Report : 증권사 리포트 검색

기업이 스스로를 소개하는 문서가 사업보고서라면, 증

권사 리포트는 애널리스트가 기업을 소개하는 문서입니다. 관심 기업의 증권사 리포트를 가능하면 많이 읽어 봅시다. 현재부터 과거까지 찬찬히, 다양한 애널리스트의 관점을 비교해 가며 읽으면 좋습니다. 애널리스트도 최종 추천 판단은 주관에 의존합니다. 그러므로 한 기업에 대해 의견이 갈리는 경우도 있습니다. 여러 리포트를 읽어 봐야 균형 잡힌 의견을 흡수할 수 있고, 최종적으로 내 의견을 세워 갈 수 있습니다.

3. News : 기업 관련 뉴스 찾기

뉴스에서 해당 기업의 이름이나 핵심 제품을 검색하는 방법도 있습니다. 과거에 이 기업에 어떤 일들이 있었는지도 찾아볼 수 있습니다. 혹시 내가 알지 못했던 악재나 스캔들이 있지는 않았는지도 확인합니다. 특히 기업의 경영자나 최대주주의 이름을 검색해 보면 의외의 흑역사가 발견되기도 합니다. 경영자의 과거에서 부도덕한 인상을 받았다면 투자하기 전에 조금 더 신중해질 필요가 있겠죠.

4. Fact Check : 지표 검색/주담 통화/기타 자료 검색

앞서 언급한 정보 수집은 대부분 인터넷에서 한 시간도

안 돼서 찾을 수 있는 것들입니다. 사실은 이런 활동만으로도 투자 아이디어를 상당히 진척시킬 수 있습니다. 하지만 의문점이 추가로 생길 수 있습니다. 이때는 좀 더 전문적인 데이터를 찾아볼 수도 있습니다. 각종 원자재 등의 가격 지표나 무역 데이터 같은 통계자료 등이 있습니다. 혹시 기업의 세부적인 내용이 궁금할 경우 IR 담당자라고 하는 주주 전담 직원과 소통할 수도 있습니다. 사업보고서에 나와 있는 번호로 전화를 걸거나 이메일을 보내 궁금한 점을 확인하는 주주가 꽤 많습니다.

| 5. Valuation : 적정 매수가 산정

기업에 대한 정보를 최대한 수집해도 지금이 살 가격이냐의 문제가 남습니다. 위대한 기업과 최고의 투자 기회는 별개입니다. 우리는 기업을 주식이라는 형태로 시가에 사야 합니다. 따라서 좋은 가격에 매수해야 수익을 낼 수 있습니다. 앞서 설명한 적정 가격 산정, 즉 밸류에이션을 거쳐야 합니다. 괜찮은 매수가는 얼마일지 나만의 계획을 세우는 과정입니다. 현재 관심 기업의 주가가 매수 가능 가격대라면 분할 매수를 시작하면 되겠죠. 만약 비싼 상태라면 기다려야 합니다.

끝끝내 매수 가격대가 오지 않고 주가가 날아간다면 어떻게 해야 할까요? 제일 바보 같은 행동은 조바심을 내고 따라 사는 것입니다.

인연이 아니라고 생각하면 됩니다. 놓아줘도 됩니다. 다시 다른 투자 아이디어를 분석하면 되죠. 시장은 다이내믹한 곳입니다. 놓친 기업도 기다리다 보면 생각지도 못하게 다시 좋은 가격으로 돌아올 수 있습니다. 초조함을 이겨 내야 합니다.

04 Invest_투자 집행하기

드디어 실제로 주식을 사는 과정입니다. 주식을 살 때도 주식을 공부할 때와 마찬가지로 체계가 있어야 합니다. 체계가 없으면? 이유 없이 행동합니다. 이유가 사라지면 남는 것은 운뿐이죠. 운에 맡기면 결과는 뻔합니다.

그뿐 아니죠. 매수와 매도에 체계가 없을 때 가장 큰 문제는 충동성입니다. 갑자기 오르니 놀라서 사고, 갑자기 내리니 겁나서 팔곤합니다. 충동적인 매매는 항상 실수를 유도합니다. 실수의 결과는 손실뿐이겠죠. 따라서 실제로 주식을 사고팔 때 정신을 바짝 차려야합니다. 기업의 경영자가 투자 결정을 내릴 때처럼 심사숙고하고 정확한 프로세스를 지켜야 합니다.

주식을 사고 최종적으로 전량 매도를 하기까지 거치는 단계는 다음과 같습니다.

1. Portfolio Ratio : 보유 비중 결정

　　　　주식은 종목 선정보다 운용이 더 중요합니다. 특히 관심 기업을 얼마나 큰 비중으로 보유할지 결정하는 게 필수적입니다. 내가 기존에 가진 종목들에 비해 어떤 메리트가 있는지, 서로 리스크를 보완해 주는 분산의 효과가 있을지 등을 고려해 매수 비중을 결정합니다.

　　참고로 보유 비중의 의사결정에서 장기적인 투자수익률이 결정됩니다. 수백 %씩 오른 대박 종목이라도 쥐꼬리만큼 갖고 있다면 자산 상승에는 큰 도움이 되지 않습니다. 기대 수익률의 높이도 중요하지만 주가가 올라 손실을 보지 않을 것이라는 '확신의 크기'가 더 중요합니다. 오래 경험이 쌓이면 얼마나 오를지는 모르지만 돈을 벌 수 있다는 확신이 드는 종목을 만나게 됩니다. 이럴 때 과감하게 높은 비중을 실어 투자해 성공한다면 흔히 말하는 퀀텀 점프를 경험하게 됩니다.

2. Collecting Stocks : 기간 분할 매수

　　　　매수를 결정하고 나서도 뭉칫돈을 한 번에 집행하는 것

은 금물입니다. 한 달에 걸쳐 사겠다, 3개월에 걸쳐 사겠다, 1년에 걸쳐 사겠다 등등 적절한 기간을 두고 나눠서 주식을 매수합니다. 경험에 따라 한 번에 과감하게 사는 투자자들도 있습니다만 그것은 경험이 받쳐 줄 때 유용합니다. 초보 입장에서는 시간 분배를 하며 종목을 매수하는 것이 필수입니다.

분할 매수 기간을 결정하는 것은 투자 아이디어의 시계열에 달려 있습니다. 만약 1년 후 아이디어가 실현될 종목이라면 바로 왕창 사면 안 됩니다. 중간에 급락을 만날 가능성도 있으니까요. 꾸준히 공부를 하며 두 개 분기 정도 실적을 체크한다고 생각하시기 바랍니다. 이 경우 전체 보유 기간의 절반인 6개월에 걸쳐 나눠 살 수 있습니다. 매달 한 번씩 매수를 한다면 매수 가능한 현금을 6등분해서 집행하면 됩니다.

▎3. Monitoring : 지표/주담 통화/웹 검색

매수를 하고 나서도 내 투자 아이디어에 결함은 없는지, 기업의 상황이 바뀐 건 없는지 계속 체크해 줘야 합니다. 만약 주식을 사 뒀는데 처음 내가 생각한 아이디어와 다른 방향으로 흘러갈 수도 있습니다. 주가뿐 아니라 기업의 경영 환경도 바뀔 수 있습니다. 그럴 때는 내 계좌에도 변화가 필요합니다.

정기적으로 관련 지표를 확인하고, 기업에 대한 뉴스를 찾아보고,

IR 담당자에 연락을 취해 줍니다. 최초 생각한 아이디어대로 흘러가고 있는지, 아직 실현되지 않았다면 얼마나 더 기다려야 하는지, 예상치 못한 악재는 없었는지 살펴봅니다. 씨앗을 심어 놓고 물을 주고 거름을 주고 햇빛을 쪼여 주는 것과도 비슷합니다.

▌4. Rebalancing : 포트폴리오 비중 조절

일정한 규칙에 따라 정기적으로 포트폴리오의 비중을 조절해 주면 계좌의 변동성을 낮추고 수익률을 높일 수 있습니다. 전체 계좌에서 30% 비중만 투자하기로 한 종목의 주가가 올라 40%가 되었다면 주식을 팔아 나머지 주식을 추가 매수하거나 현금 비중을 높이며 30% 선을 유지시켜 주는 식입니다.

특히 현금 비중은 일정하게 가져가는 것이 좋습니다. 초보 시절부터 현금 비중을 유지하는 습관을 길러야 합니다. 현금 비중이 높다고 수익률이 떨어지지는 않습니다. 아무리 강세장이라고 해도 중간중간 조정은 피할 수 없습니다. 장단기적으로 오는 시장 조정 상황에서 저렴한 가격에 주식을 살 때 수익률이 극대화됩니다. 이럴 때 현금의 유용성이 빛을 발하게 되죠. 현금은 '기회'라는 종목입니다.

05 Exit_매도 결정하기

매도 결정을 내릴 때도 마찬가지입니다. 일단 주식을 샀다면 결과는 두 가지입니다. 성공과 실패죠. 본전으로 끝난다면 시간 손실을 감안해 실패로 봐야 합니다. 돈을 벌 거나 벌지 못했거나, 이 두 가지 케이스로 성공과 실패가 나뉩니다.

대신 성공과 실패를 떠나 한 종목을 매도하고 나면 얻는 게 있습니다. 바로 '교훈'이죠. 하나의 투자 건을 통해 교훈을 얻고 다음 투자 시도에 반영하는 것입니다. 주식투자는 한 번 하고 끝나는 게 아닙니다. 한두 건의 실패에 연연하기보다 각각의 투자 케이스에서 실력을 쌓기 위한 지혜를 얻어야 합니다.

내가 고른 모든 종목에서 수익을 내야 한다고 부담감을 가질 필요가 없습니다. 느긋한 마음으로 장기적으로 생각하세요. 종목을 고르는 실력을 쌓는 걸 우선으로 두고, 그 과정에서 벌어지는 실패를 피하지 않고 받아들이며 공부해야 합니다. 투자자의 목표는 자랑도 아니고 고득점도 아닙니다. 재산을 늘리는 게 우리의 최종 목표입니다.

일단 매도가 완료되면 다음의 세 가지 항목 중 어디에 해당되는지 구분해 봅니다.

1. Success : 투자 아이디어 실현

성공적으로 수익을 내고 전량 매도했다면 어떤 과정으로 성공했는지 기록을 남깁니다. 아이디어를 세운 논리는 무엇이었으며, 얼마나 보유했는지, 최종 수익률은 어떠했는지 등 기록할 내용이 꽤 있습니다. 이렇게 성공의 과정을 기억해 두면 나중에 동일한 투자 기회가 왔을 때 성공 방법을 복제해 활용할 수 있습니다.

2. Fail : 투자 아이디어 훼손

매수를 하고 고려한 보유 기간이 지났음에도 주가 상승이 일어나지 않았다면 투자 아이디어를 다시 점검해 봅니다. 쉬운 일은 아닙니다. 아이디어가 잘못되었을 수도 있지만 아직 실현되지 않았을 수도 있습니다. 최대한 많은 정보를 수집해 신중히 판단해 보고 내가 세운 아이디어에 오류가 발견되었다면, 내가 틀렸다는 것을 깨달았다면 평가손 상태에서도 냉정하게 매도할 수 있어야 합니다.

3. Luck : 테마성 급등, 예상치 못한 악재

투자에서는 운도 상당히 많이 작용합니다. 투자 아이디어가 맞았음에도 돈을 잃을 수도 있고, 투자 아이디어는 틀렸지만 운 좋게 테마성 급등으로 수익을 낼 수도 있습니다. 매도 후 수익 혹은 손실이 운에 의한 것일 경우 그것을 구분해 내는 능력도 굉장히 중요합니다. 만약 행운으로 수익을 낸 것을 실력을 착각하게 되면 다음 투자에서 방심해 실수를 할 수도 있습니다. 수익보다 소중한 '경험'과 '교훈'을 잃게 되는 것이죠. 나의 행동과 내 투자 종목의 흐름에 대해 최대한 객관적인 눈이 필요합니다.

4. Post-mortem : 투자 과정 복기/교훈 정리

앞서 설명한 것처럼 투자 아이디어의 성공/실패/운의 작용 등 결과에 대한 구분이 되었다면? 다음 투자의 성공률을 높이기 위한 공부가 필요합니다. 투자 과정과 결과를 복기하고 얻은 교훈들을 정리합니다. 이후 투자를 진행할 때 유사한 사례가 있다면 복기가 유용하게 활용됩니다. 기록한 내용을 찾아보며 실수를 방지하고 더 성공적인 투자를 꾀할 수 있겠죠.

입시 공부를 할 때 많은 선생님과 수험생들이 '오답 노트'의 중요성을 강조합니다. 유사한 패턴이 쏟아지는 수능 시험처럼 주식에서 종목별 상황도 패턴이 존재합니다. 특정 패턴의 실패담은 반복해서는 안 됩니다. 특정 패턴의 성공담은 계속 이어 가야 합니다. 투자 프로세스의 최종 단계인 매도 결정에서 가장 중요한 것은 다음 투자를 위한 준비입니다.

6장

실수를 막으면
성공이 보인다

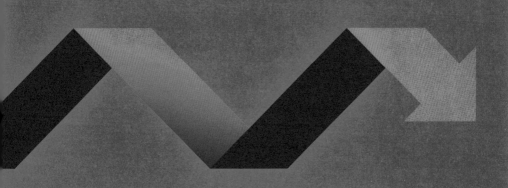

토마스 에디슨이 말했죠.

"실패는 성공의 어머니다."

투자에서도 마찬가지입니다. 투자 실패의 경험은 다음 투자에서 성공하기 위한 중요한 밑거름이 됩니다. 그럼에도 불구하고 투자에서는 최대한 실패를 줄여야 합니다. 왜? 실패 한 번으로 돈을 잃는 경험이 너무나도 아프기 때문입니다.

투자 실패의 상당수는 '실수'에서 비롯됩니다. 전혀 예상하지 못한 슈퍼 악재가 우리 돈을 빼앗아 가는 경우는 많지 않습니다. 대부분 손실의 이면에는 충분히 막을 수 있음에도 무심코 저질러 버린 '실수'의 씨앗이 존재합니다.

6장에서는 이런 실패의 케이스들을 살펴볼 예정입니다. 우선 실수를 막는 게 왜 중요한지, '패자의 게임'이라는 개념을 확인할 것입니다. 이후 모든 투자자에게 비슷하게 일어나는 대표적 실수들을 돌이켜 보겠습니다. 남이 해 준 실수를 활용해 약삭빠르게 실수를 막는 것은 초보자들의 특권 아닐까요?

01 패자의 게임이라고?

주식투자는 정말 희한합니다. 뭔가를 잘해야 돈을 버는 것 같지만 사실은 잘못하지 않아야 돈을 법니다. 수십 조 기금을 운용하는 투자위원회 위원장을 지낸 적 있는 예일대의 찰스 엘리스 Charles D. Ellis라는 분은 유명한 저서인 『패자의 게임에서 승자가 되는 법』에서 테니스에 비유해 이런 특징을 설명한 바 있습니다.

아마추어 테니스 경기의 승패는 수준 높은 프로들의 경기와 다르게 흘러갑니다. 프로들은 공격을 통해 점수를 잘 내야 승리할 수 있습니다. 반면 아마추어들은 공격 능력도 뛰어나지 않고 실수를 매우 빈번하게 합니다. 따라서 공을 주고받는 과정에서 실수를 적게 하기만 해도 상대방에게 승리할 가능성이 높아집니다. 재미있게도 투자 역시 '이기는 것'보다 '지지 않는 것'이 돈을 버는 비결이 됩니다. 엘리스는 이런 종류의 승부를 '패자의 게임Loser's Game'이라고 부릅니다.

투자는 왜 패자의 게임일까요? 이기려고 노력할 때 사람들이 저지르는 '실수' 때문입니다. 이기려고, 말하자면 고수익을 내는 데 너무 혈안이 되어 있으면 어떻게 될까요? 탐욕을 부리고 조급하게 행동합니다. 조급한 행동은 실수를 부릅니다. 실수는 곧 손실로 이어집니다. 손실의 아픔이 수익의 기쁨보다 더 많은 영향을 끼칩니다. 만약 10% 손실이 났다면 원금을 회복하기 위해 12%의 수익을 내야 합니다. 20% 손실이 났다면 25%의 수익을 내야 합니다. 50% 손실이 났다면? 보유 금액이 절반이 되었기 때문에 원금을 회복하려면 무려 두 배(100%)의 수익을 내야 합니다.

심리적으로도 손실은 수익보다 더 큰 악영향을 줍니다. 행동경제학자인 대니얼 카너만은 '손실 회피Loss aversion 편향'이라는 실험에서 손실과 수익이 미치는 심리적 강도를 측정했는데요. 손실에 기분 나빠 하는 정도가 수익에 기뻐하는 정도의 두 배까지 강해질 수도 있다고 합니다. 투자에서 손실을 확정하게 되면 받는 심리적 스트레스는 매우 강력합니다. 문제는 이런 스트레스가 다음 투자에서 만회하려는 조급함으로 이어진다는 것입니다. 그러면 또 다른 실수, 어쩌면 더 큰 실수를 하게 되고 정신 차릴 새도 없이 계좌가 녹아내리는 경험을 할 수 있습니다. 따라서 주식투자로 돈을 벌기 위해서는 잃지 않는 데 최대한 집중해야 합니다. 실수를 줄여야 합니다. 실수를 줄이다 보면 점진적으로 내공이 쌓이면서 수익이 쌓입니다.

이제 투자를 할 때 어떤 실수를 저지를 수 있는지, 어떻게 예방하고 대처할 수 있는지 알아보겠습니다.

02 주식투자에서 가장 조심해야 하는 사람

주식투자에서 가장 조심할 사람은 누굴까요? 사기꾼? 작전 세력? 옆자리 동료? 네이버 종목토론방의 키보드 워리어? 그보다 더 무서운 강력한 적이 있습니다. 휴대폰을 들어서 카메라를 켜고, 셀프카메라 모드로 전환해 보시기 바랍니다. 거기 보이는 사람이 주식투자에서 가장 조심할 사람입니다. 네. 주식투자를 할 때는 나 자신을 제일 조심해야 합니다.

주식투자로 돈을 버는 방법은 밤하늘의 별만큼 많습니다. 정말 다양한 방법으로 수익을 냅니다. 수급 단타왕도 있고, 차트 잘 보고 사는 사람도 있고, 가치투자자도 있고, 가치투자에서도 성장주 투자를 잘하는 사람이 있고, 담배꽁초 투자를 하는 사람도 있고, 역발상 투자를 할 수도 있고, 추세 추종 투자를 할 수도 있습니다. 어떻게 보면 상반된 방법을 가진 사람들도 각자 스타일에 맞게 수익을 냅니다. 나에게 맞게 잘 적용하면 어떤 방식으로든 돈을 벌 수 있습니다. 그런데 주식투자로 돈을 잃는 방법은 딱 하나밖에 없습니다.

'욕심을 부리고 조급하게 행동하는 것'

대표적인 상황이 지금 빠르게 오르는 핫한 종목을 '잘 모르면서' 덥석 따라 사는 것입니다. 또는 유명 블로거나 유튜버, 애널리스트가 언급했다는 이유만으로 종목에 대해 알아보지 않고 바로 매수해 버리는 경우입니다. 항상 욕심이 문제입니다. 매수와 매도 과정에서 다양한 욕심이 우리를 괴롭힙니다. 저렴한 가격이 아닌데 일단 사고 보는 것. 분할 매수를 하지 않고 한 번에 왕창 사 버리는 것. 주가가 조금 떨어졌다고 기분이 잔뜩 상해서 투자 아이디어를 떠올리지 않고 바로 팔아 치우는 것. 투자 아이디어가 훼손된, 실패한 투자임에도 본전이 아쉬워 팔지 않고 하염없이 물려 있는 것.

투자에서는 남 탓을 할 필요가 없습니다. 사기꾼은 안 믿으면 그만입니다. 종목 팔이를 하며 매수를 종용하는 협잡꾼이 있어도 안 사면 그만입니다. 그런 것들에 휘둘리는 이유는 나 자신 때문입니다. 내 욕심이 나를 속이는 것이죠. 고생하지 않고 쉽게 벌고 싶은 마음, 조금이라도 더 빨리 벌고 싶은 마음 때문입니다.

안타깝지만 이런 탐욕을 원천 봉쇄할 수는 없습니다. 우리는 어쩔 수 없는 인간이기 때문입니다. 탐욕은 단순한 부도덕이 아닐 때도 있습니다. 원시인 때부터 유전자에 프로그래밍되어 있는 본성이기도 합니다. 때로는 심리적 오류와 편향이 악영향을 끼칠 때도 있습니다. 경험이 약입니다. 여러 번 당하면 적응되기도 합니다. 얻어맞아 보면서 맷집을 기르는 것입니다. 몇 번 겪어 보면 다음에는 이전보다 덜 바보같이 행동할 수도 있습니다. 어제의 나보다 조금만 덜 어리석은 사람이 되는 것. 그것으로도 투자수익은 충분합니다.

그럼에도 불구하고 조금이라도 더 욕심을 컨트롤하고 싶다는 분들께는 실전에서 가장 중요한 원칙 하나 공유할까 합니다.

'매수 이후가 아닌 매수 이전에 인내하는 습관'

손실과 수익은 대부분 사는 그 시점에 결정됩니다. 너무 비싸게 사면 물릴 가능성이 높아집니다. 매수하는 순간부터 손실의 위험을 안고 사는 것입니다. 일단 매수한 후에 물려서 장기 보유 하는 경험은 정말 서글픕니다. 그 전에 손해 보지 않을 만한 가격에서 매수할 수 있는 절제력이 필요합니다.

유명한 고수 개인 투자자분이 팟캐스트에 나와서 이런 이야기를 한 적이 있습니다. 어떤 종목을 사자마자 몇 개월 만에 몇 배의 큰 수익이 났다고 합니다. 그런데 그 종목을 사려고 기다린 시간이 4년이라고 합니다. 4년 동안 매수를 미루고 관찰하고 공부한 것입니다. 정말 실적이 좋아지고 회사가 고성장하는 순간이 올 때까지 기다린 것이죠. 매수 전 인내심을 발휘한 좋은 예라고 볼 수 있습니다.

기억하시기 바랍니다. 주식에서 가장 조심할 사람은 성급히 매수 버튼을 누르는 나 자신입니다.

03 작전에 당하지 않으려면

주식을 잘 모르는 사람도 '작전'이라는 말은 들어 봤을 것입니다. 간단히 설명하면 작전은 사전에 악의적 의도를 가지고 법의 테두리 안팎에서 주가를 조작하는 행위입니다. 그리고 다른 매수자에게 피해를 입히며 이익을 챙기는 행위입니다.

작전이 이뤄지는 배경에는 두 가지 원리가 있습니다.

자금력이 크면 시세에 영향을 준다

어떤 주식의 유통 규모에 비해서 큰 액수를 매매하려면 시세 평균을 벗어난 주문을 해야 합니다. 간단한 수요와 공급의 원리죠. 만약 어떤 물건을 사고 싶은데 물건의 소유자들이 팔 마음이 없다면 더 비싼 가격을 불러야 합니다. 현재 시가가 1만 원에 형성된 주식을 대량으로 사고 싶은데 보유자들이 팔 마음이 없다면 어떻게 해야 할까요? 1만 원보다 더 높은 가격을 불러야 합니다. 못해도 1만 1,000원은 불러야 매도자가 나오겠죠.

그래서 자금이 큰 주체가 주식을 매매할 땐 일정한 방향으로 시세 변동을 발생시킵니다. 매수할 때는 주가가 점점 더 오르고, 매도할 때는 주가가 점점 더 내려갑니다. 기관이나 외국인 같은 큰 수급이 가격을 밀어 올리며 산다는 표현은 이유에서 생기는 것입니다.

▌추세를 맹목적으로 따르는 바보가 있다

문제는 가격 변동에 현혹되어 무작정 따라 사는 어리석은 사람들이 있다는 것입니다. 어떤 종목의 주가가 왜 오르는지 이유는 모릅니다. 단지 오르는 것 자체가 매력적으로 보이는 거죠. 지금 당장 오르니 앞으로도 오를 거라고 믿습니다.

그래서 주식의 주체인 기업을 자세히 알아보지 않고 아무 종목이나 오르는 속도에 따라 삽니다. 작전 세력은 자신의 자금력+어리석은 사람들의 습성, 이 두 가지를 이용해 시세 차익을 냅니다. 특히 이런 현상은 소형주에서 많이 발생합니다. 거래 금액이 크지 않은 소형주는 약간의 자금력으로도 쉽게 시세를 움직일 수 있기 때문입니다.

처음에 작전 세력은 시세에 영향을 주지 않을 수준으로 조금씩,

오랜 기간에 걸쳐 주식을 사 모읍니다. 나눠서 매수하기 때문에 시간은 걸리지만 시세가 급하게 오르진 않죠. 이런 식으로 특정 기업의 지분을 남들 모르게 확보해 놓습니다. 그리고 어느 정도 시점이 되면 남겨 놓은 자금력으로 한꺼번에 매수를 합니다. 높은 가격을 부르며 많은 양의 매수 주문을 넣는 것이죠. 그러면 1차적으로는 해당 주식을 보유 중이던 다른 주주들이 시세 차익을 내고 나갑니다. 손 바뀜이 일어나는 것이죠. 그러면서 해당 종목의 시세가 눈에 띄게 오르기 시작합니다.

이제부터는 두 번째에 해당하는, 잘 알지도 못하면서 무작정 따라 사는 사람들이 찾아오기 시작합니다. 단기간에 시세가 폭발합니다. 며칠 사이에 수십 %씩 급등하기도 하죠. 하루 만에 상한가인 30%까지 주가가 오르기도 합니다. 주가가 오르는 것은 그 가격에서 누군가 매수 매도를 하기 때문입니다. 너무 비싼 가격임에도 신나게 매수하는 바보들이 나타난 덕분이죠. 낮은 가격에서 오랫동안 주식을 매집한 작전 세력은 어떻게 할까요? 감사히 주식을 팔아넘기고 유유히 빠져나옵니다. 호가를 높이기 위해 수익률을 포기하고 고가에 매수한 물량도 있지만 사전에 매집해 둔 물량이 훨씬 많기 때문에 작전 세력은 상당한 시세 차익을 내고 사라질 수 있습니다.

반면 적정 가격보다 수십 %씩 높은 가격에 주식을 산 사람들은 사자마자 큰 손해를 보고 상처를 입습니다. 다른 사람이 갖고 있던 많은 물량을 높은 가격에 떠맡고 손해만 보는 것이죠. 일단 오른 주식은 더 사 줄 사람이 없기 때문에 오래지 않아 시세가 하락합니다. 이럴 때는 하락하는 속도도 엄청납니다. 팔고 싶은데 사 줄 사람이 없으면 어떻게 해야 할까요? 손해를 보더라도 더 낮은 가격에 매도가를 부르게 되는 거죠. 콘서트장에서 한 사람이 일어나면 뒤에 있는 모든 사람이 우르르 일어나는 것과도 같습니다. 너도나도 매도 호가를 낮춰 부르니 가격이 급하게 떨어집니다.

그림 25 **작전 과정의 차트 흐름**

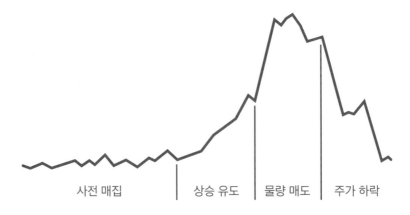

사전 매집   상승 유도   물량 매도   주가 하락

주식판에서는 이런 피해를 입는 사람들을 일컬어 '설거지당한다'고 합니다. 설거지를 당한 사람들이 머리가 나쁘거나 멍청한 사람들일까요? 왜 이런 위험에 뛰어드는 것일까요?

단지 욕심을 제어하지 못한 것입니다. 빨리 돈을 벌고 싶은 것이죠. 위험한 줄 알면서도 '조금만 먹고 빠져나올 수 있을 거야'라고 생각합니다. 나보다 더 바보인 사람들에게 떠넘기고 나올 수 있다고 생각합니다. 주식시장에서 가장 불행한 사람은 지식이 부족한 사람이 아닙니다. 욕심 때문에 해서는 안 되는 행동을 하는 사람입니다.

그럼 이런 일을 당하지 않으려면 어떻게 해야 할까요? 이런 현상을 극복하는 데 최고의 효과를 발휘하는 강력한 마법의 주문이 있습니다. 아이투자에 투자 레터를 기고하는 유명한 개인 투자자 숙향님의 책에 이런 표현이 나옵니다.

"안 먹고 말아!"

쉽게 이야기해서 단기간에 시세가 급하게 뛰는 주식은 깔끔하게 포기하라는 것이죠. 너무 올랐네? 이번 건 안 먹고 말아! 이런 대범한 마인드가 중요합니다. 최소한 고점에서 물려 불행한 사람이 되는 것은 피할 수 있겠죠? 실수가 없어야 돈을 벌 수 있습니다. 돈을 벌어도 실수하면 번 돈을 까먹습니다. 명심하세요. 투자는 패자의 게임입니다.

04 밸류 트랩을 피하자

가치투자 베이스로 공부를 하다 보면 가끔 듣는 표현이 있습니다. '밸류 트랩^{Value trap}'으로 우리말로 '가치 함정'입니다. 이번에는 이 밸류 트랩에 대해 이야기해 보겠습니다.

가치투자를 좀 배우면 오랫동안 낮은 가격에 거래되는 기업을 봤을 때 저평가되어 있다고 생각하고 매수할 수 있습니다. '역시 가치투자를 해야 돈을 벌지!' 하는 신나는 마음으로, 군중을 거스르는 멋있는 역발상 투자자가 되었다고 자축하면서 말이죠. 그런데 생각과는 다르게 낮은 주가가 오랫동안 지속됩니다. 참기 힘들 만큼 오래 말이죠. 저평가 주식이라고 매수했는데 돈은 벌지 못하고 오히려 주가가 점점 더 흘러내리기도 합니다. 내 계좌의 손실액도 점점 더 커지겠죠. 이런 경우를 '밸류 트랩에 빠졌다'고 합니다.

밸류, 즉 기업의 가치라는 것은 숫자가 다가 아닙니다. 재무구조 상의 저평가에만 현혹되면 숫자 외적인 요소를 놓칠 수도 있습니다. 기업의 경쟁력 약화, 사회 트렌드 변화, 업황의 악화 이런 것들 말이 죠. 특히 보수적인 분들이 이런 함정에 빠지기 쉽죠. 정말 오랫동안 마음고생하는 경우도 생깁니다. 분명히 싸다고 생각했는데 계속해 서 싼 주가에 머무르는 기업들도 있습니다. 사실 판단하기는 꽤 애 매합니다. 영원히 저평가로 갈 수도 있고, 포기하고 팔아 치운 직후 부터 저평가가 해소되어서 주가가 날아갈 수도 있습니다. 저도 두 경우를 모두 겪어 봤습니다. 경험상 뭐가 맞다 명확히 정의하기 어 렵습니다.

정말 원통한 기억이 하나 있는데요. 통신장비 기업 하나를 오랫동 안 노려보고 있었습니다. 2년 가까이 지켜보다가 매수를 했습니다. 그런데 매수 후에도 몇 개월 동안은 주가 변화가 거의 없었습니다. 그 무렵 스터디에 가서 해당 종목을 발표했는데요. 스터디에 있던 다른 분이 굉장히 안 좋게 이야기를 하더군요. 그분은 주식도 오래 하셨고 나름대로 실력이 있었습니다. 결국 고민하다가 그 종목을 팔 아 버렸습니다. 하지만 그로부터 2주 정도 지나자 주가가 쭉쭉 날아 가기 시작했습니다. 두 달 만에 제가 산 가격 대비 두 배가 올랐습니 다. 몇 개월 더 지나니까 거의 세 배까지 올랐습니다. 1년도 채 걸리 지 않았습니다. 밸류 트랩을 피한다고 매도했지만 제가 틀렸습니다. 밸류 트랩이 아니라 인내심의 트랩에 빠진 것이죠.

밸류 트랩이 맞는지 아닌지를 판단하는 것은 쉽지 않습니다. 그때그때 다릅니다. 까다롭지만 그게 현실입니다. 그럼 우리는 어떻게 해야 할까요? 종목 선정에서 밸류 트랩을 피하기는 쉽지 않습니다. 싼 주식을 무턱대고 피할 수는 없으니까요. 싼 것은 어찌되었든 그 나름의 매력이 있습니다.

이럴 때는 '대응 방식'에서 안전망을 두는 게 더 낫습니다. 밸류에 이선 매력이 있는 종목을 사는 방식이 중요합니다. 굉장히 싼데 주가는 오랫동안 바닥을 기는 종목이 보인다면 어떻게 해야 할까요? 일단 비중을 너무 많이 실으면 안 됩니다. 심리적으로 기다리지 못하고 흔들릴 수 있기 때문입니다.

무작정 싼 주식과 반대되는 성향, 핫하고 쭉쭉 성장하는 종목을 같이 가져가는 것도 좋은 방법이 될 수 있습니다. 저밸류의 종목들과 고밸류의 종목들이 시세를 가져가는 기간은 엇갈릴 때가 많습니다. 먼저 앞서 가는 종목들의 차익을 실현해 가지 않는 종목에 리밸런싱을 해 줄 수도 있죠.

경험상 3년 정도 보유하면 어느 정도 결론이 나오는 것 같습니다. 3년 가까이 바닥을 기던 주식은 이유 없이 시세를 주기도 합니다. (설령 작전에 얽힌다고 하더라도 말이죠.) 저평가가 해소될 좋은 일이 발생할 수도 있습니다.

어느 정도는 확률적인 부분입니다. 3년 정도 시간이 지나면 흐름이 바뀌거나 업황이 바뀔 가능성이 있습니다. 물론 3년이 지나도 그대로일 때도 있긴 합니다. 그 경우는 시간적 기회비용을 세이브하기 위해 매도해야죠. 그 정도 보유했다면 더 나은 기업을 사기 위해 미련 없이 놔주는 것도 좋습니다. 실제로 벤저민 그레이엄, 모니시 파브라이, 조엘 그린블라트 등 유명한 가치투자자들도 3년을 괴리 해소의 기간으로 제시하곤 합니다.

인내심을 갖고 보유하면 결실을 얻을 수 있습니다. 하지만 너무 오래 기다리면 시간적 손실을 입게 됩니다. 더 근본적으로 함정을 피하려면 어떻게 해야 할까요? 단순히 숫자만 보고 매수 결정을 내리면 안 됩니다. 기업의 경영 스토리, 사회 트렌드, 산업의 업황, 이런 것들을 같이 보면서 판단을 내려야 합니다. 숫자에 엄격한 사람보다는 기업에 관심이 많은 사람이 성공하기 때문입니다.

05 비자발적 장기투자는 슬프다

때때로 내가 산 종목의 주가가 얼마 지나지 않아 빠지며 평가 손실액이 커질 때가 있습니다. 이럴 때 냉정하게 손절하지 않는 투자자들은 어쩔 수 없이 그냥 둡니다. 이들은 손실 난 종목을 갖고 있는 게 부끄러워서 장기투자라고 애써 말합니다.

자조적인 표현이지만 '비자발적 장기투자'라는 말은 웃어넘길 수 없습니다. 무엇보다도 내 계좌에 상당히 데미지를 입히는 습관입니다. 주식은 웃자고 하는 게 아니라 돈을 벌자고 하는 것이죠. 명심해야 합니다. 인내와 방치는 다릅니다.

인내심을 발휘해서 끝까지 기업을 기다리는 건 쉽지 않습니다. 투자하는 기업을 잘 알고 경쟁력을 믿을 수 있어야 가능합니다. 반면 산 기업이 어떻게 될지는 모르겠고 손해 보고 팔기는 싫으니, 조금이라도 회복될 때까지 기다리자? 이런 자세는 방치입니다.

제 실패담을 예로 들어 보겠습니다. 한 제조회사에 투자를 했을 때입니다. 우리나라의 주택착공 실적을 통계로 볼 수 있는데요. 2015년에 착공 실적이 확 늘어난 것을 확인했습니다. 그 말은 2, 3년 텀을 두고 완공이 되는 주택이 확 늘어날 거라는 뜻이었습니다. 그래서 2017년쯤 되면 완공이 되는 건물에 기기를 납품하는 회사가 실적이 좋아질 것이라고 예상했습니다. (일반적인 건자재 섹터의 투자 아이디어와 비슷합니다.) 그래서 2016년부터 투자했습니다. 1년 뒤에 좋아질 것으로 보고 그 기간 동안 보유하기로 계획했습니다. 1년이 지났는데 실적이 좋아지지 않더군요. 매출이 잡히는 타이밍을 너무 일찍 기대했나? 그렇게 생각했습니다. 좀 더 기다려 봤습니다. 하지만 별로 좋아지지 않았습니다. 그래서 또 기다렸습니다. 그렇게 1년짜리 투자를 2년까지 갖고 갔습니다. 2년이 다 될 무렵에 실제로 실적이 좋아지긴 했습니다. 하지만 제가 생각하는 만큼 드라마틱한 개선은 없었습니다. 결국은 1년짜리 투자로 생각한 종목을 2년 넘게 들고 있다가 아주 약간의 수익만 보고 팔아 버렸습니다. 2년을 기다린 것치고는 너무 초라한 수익이었습니다.

무엇을 실수했을까요? 시간이 지나 실적을 확인한 후 투자 아이디어가 훼손된 것인지 확인하고 판단을 내려야 했습니다. 하지만 기다리면 좀 더 좋아지겠지 하는 안일한 자세로 임했습니다. 손실을 보진 않았지만 너무 많은 시간을 낭비했습니다.

그 이후로는 어떤 일이 벌어졌을까요? 최초의 투자 아이디어는 15년에 급격히 증가한 주택착공 실적이었습니다. 이 착공 물량이 이듬해부턴 많이 줄어들었습니다. 당연히 그 영향도 시차를 두고 찾아왔습니다. 제가 판 이후로 그 기업의 실적은 조금씩 쇠락했습니다. 자연스럽게 주가도 더 빠졌습니다. 만약 장기투자할 생각 아래 들고 있었다면 더 큰 손해를 입었을 것입니다. 금전적 손실뿐 아니라 시간 손실도 더 길어졌겠죠. 뒤늦게나마 잘못을 인정한 것이 천만다행이었습니다.

주식투자를 할 때 기다릴 줄만 알아도 많은 것이 해결되긴 합니다. 하지만 기다리다 더 큰 손해를 입을 때도 있습니다. 제일 아픈 건 자산을 증식시킬 수 있는 시간과 기회를 손해 보는 것이죠. 인내가 필요한지 냉정함이 필요한지 구분하는 요령은 무엇일까요?

결국 부지런함밖에 없습니다. 모든 것은 기업의 성과에 달려 있습니다. 기업이 돈을 잘 벌 것인지 아닌지를 리서치해야 합니다. 이것은 매수 전에만 해당되는 것이 아니라 보유 기간 내내 또는 매도를 한 이후에도 이어져야 합니다. 보유 기간 중에는 기다리는 게 중요하지만, 좀 더 정확히 표현하자면 '부지런히 공부하며' 기다려야 합니다. 그래서 주식이 어려운 것이겠죠.

인내의 열매는 달지만 방치의 열매는 썩게 됩니다.

06 분산투자를 오해하지 말자

이번에는 분산투자에 대해 이야기해 볼까 합니다. '달걀을 한 바구니에 담지 말라'는 말로 유명한 분산투자. 하지만 많은 분이 분산투자의 의미를 잘못 알고 있습니다. 바로 산개와 분산을 혼동하는 것입니다.

반도체도 담고, 2차전지도 담고, 엔터주도 담고, 바이오도 담고, 음식료도 담고…. 위험을 낮춘다는 목적이라도, 무분별하게 이런저런 종목을 담으면 좋지 않습니다. 흔히 말하는 '백화점식' 투자가 되죠. 물론 잘못된 대상에 몰빵 투자를 하는 것보다야 낫습니다. 하지만 의도와 전략이 없는 막연한 분산은 수익률을 떨어트립니다.

더 큰 문제가 있습니다. 종목수를 늘릴수록 포트폴리오 관리가 어려워진다는 점입니다. 초보 시절에는 소수의 섹터만 공부하는 데도 벅찹니다. 정확하게 공부가 된 섹터만 매수하는 절제력이 필요합니다. 무분별하게 종목을 편입하다 보면 특정 산업과 기업을 디테일하게 공부하는 습관을 들일 수 없습니다. 그만큼 정교한 투자가 어려워지고, 몇 년이 지나도 분석 능력이나 이해도가 제자리걸음입니다.

특히 비슷한 업종의 기업을 여러 개 담는 것은 피해야 합니다. 가령 증권사만 10개를 산다면 흩트려 분산투자한 것이 아닙니다. 증권업에 몰빵한 것이죠. 분산의 효과도 없을 뿐더러 투자의 효율성도 떨어집니다.

그럼 좀 더 본격적으로 올바른 분산투자에 대해 알아보겠습니다. 우선 '산개'와 '분산'을 구분해야 합니다. 허접한 사수가 쏜 표적을 떠올려 볼까요?

그림 26 산개

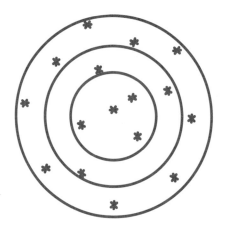

여기저기 구멍이 숭숭 뚫려 있습니다. 이것은 산개입니다. 표적을 맞춰야 하는데 총알을 여기저기 열 종목에 놓진 않겠죠.

그러면 분산은 무엇일까요? 공사 현장에 보이는 키가 큰 타워 크레인을 떠올려 보시기 바랍니다.

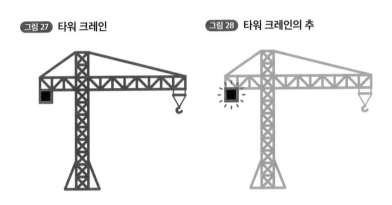

그림 27 **타워 크레인**   그림 28 **타워 크레인의 추**

타워 크레인을 보면 팔이 길게 나와 있고 이 팔로 무거운 물체를 듭니다. 그렇다면 이 팔의 반대쪽에 툭 튀어나와 있는 조그만 상자는 무엇일까요? 바로 무게추입니다. 앙상한 크레인이 기다란 팔로 무거운 물체를 들 때 넘어지지 않고 균형을 유지하려면 반대쪽에도 무게가 실려 있어야 합니다.

투자에서 분산도 이래야 합니다. 아무 데나 산탄총처럼 흩뿌리는 건 분산투자가 아닙니다. 자산 증식을 위해 주력으로 선택한 종목이 있다면 타워크레인의 무게추처럼 균형을 유지할 수 있는 카운터 파트너가 필요합니다. 내가 매수한 종목이 실패했을 때를 위한 보험을 드는 것입니다.

보험을 들려면 어떻게 해야 할까요? 내가 고른 종목과 반대 성향을 가진 투자 자산을 찾는 것입니다. 그를 통해 내 포트폴리오의 방어력을 갖추는 것, 내 아이디어가 틀렸을 때 보완을 해 주는 것. 쉽게 말해 '헷징hedging'을 할 수 있는 자산을 찾는 것이 진정한 의미의 분산 투자입니다.

관심 기업들을 공부하다 보면 약점이 보입니다. 유가에 많이 휘둘린다, 밀 가격에 영향을 받는다. 수요가 일정하지 않다. 환율 변동에 취약하다 등 해당 기업의 수익성에 악영향을 줄 수 있는 불안 요소를 찾을 수 있습니다. 그렇다면 거기에 반대되는 성향을 가진 기업이 있을까요? 나의 관심 기업과 반대 방향에서 헷징으로 활용할 수 있는 투자처를 찾아보시면 됩니다. 관심 기업이 돈을 못 버는 상황이 왔을 때 오히려 유리한 기업도 있습니다.

가령 원유를 원재료로 하는 기업은 유가가 떨어져야 마진율이 좋아지겠죠. 하지만 원유를 재고 자산으로 가진 기업은 유가가 오를 때 평가 이익이 발생합니다. 반도체 가격이 오르면 반도체 회사가 좋아지겠죠. 반면 반도체를 원재료로 제품을 만드는 곳은 반도체 가격이 떨어지면 마진이 좋아집니다. 이런 식으로 반대 성향의 기업을 찾아내는 것이죠.

실전에서는 어떻게 적용하면 될까요? 만약 어떤 주식을 100만 원치 사고 싶다면, 100만 원을 다 쓰는 게 아니라 80~90만 원만 매수합니다. 그리고 나머지 10~20만 원은 반대 성향을 가진 투자처를 매수합니다. 반대 방향 자산을 찾지 못했다면 어떻게 해야 할까요? 추가 매수를 하지 않고 현금을 보유하면 됩니다.

다양한 투자 대상에 대한 최고의 헷징 옵션은 현금입니다. 연구 결과를 보면 한국 주식들의 수출 주도적 특성상 달러 환율과 역의 상관관계가 높습니다. 그래서 이상적으로는 국내 주식을 살 때는 달러를 통해 헷징을 하는 것이 유리합니다. 하지만 실제로 달러를 보유하다 보면 환전 수수료도 발생하고, 유연한 포트폴리오 대응을 하기에는 기동력이 떨어질 수도 있습니다. 달러로 헷징을 하는 게 어렵게 느껴진다면 원화 현금만 갖고 있어도 충분합니다. 시장의 조정이나 폭락의 순간이 왔을 때, 마음 편하게 물타기를 할 수 있는 현금을 확보하는 게 중요합니다.

"만약 내 투자 아이디어가 맞다면 반대 성향의 자산을 갖고 있거나 100% 매수를 하지 않은 게 손해 아닌가요?"

이런 질문을 할 수도 있습니다. 재미있는 것은 주식시장에서는 100% 옳을 때 돈을 벌지 않습니다. 절반보다 조금만 더 맞히더라도 충분히 부자가 될 수 있습니다. 하지만 멘탈을 다스리지 못하면 절대로 부자가 될 수 없습니다. 올바른 분산투자가 가지는 진정한 장점은 포트폴리오 자체의 변동성 제어가 아닌, '멘탈 관리'입니다. 몰빵이 되어 있으면 멘탈 관리가 되지 않습니다. 멘탈이 무너지면 아이디어가 맞아도 실수를 하고 돈을 잃을 수 있습니다. 하지만 균형을 맞춘 포트폴리오로 멘탈을 유지하다 보면 어느덧 불어 있는 자산을 마주하게 될 것입니다.

07 전문가의 말은 어디까지 들어야 할까?

주식시장은 물리적으로 카오스 상태입니다. 전 세계에서 벌어지는 모든 사건이 주가에 영향을 줍니다. 따라서 모든 변수를 고려해 정확한 방향을 맞힌다는 것은 허상입니다. 예측이 불가능한 카오스 상태의 또 다른 예시로 일기예보를 들 수 있죠. 일기예보 또한 아무리 정교하게 분석을 해도 정확한 예측은 어렵습니다. 경제와 주가는 일기예보 못지않게 변수가 많으니 당연히 예측이 어렵습니다.

그래서 초보 시절에는 타인의 의견을 참고할 때 지나치게 어조가 확신에 찬 것들은 피하시라고 권해 드립니다. '전망'은 투수가 던진 공과도 같습니다. 일단 최선을 다해 공을 던지겠지만, 그 공이 스트라이크가 될지, 볼이 될지, 파울이 될지, 홈런을 맞을지는 알 수 없습니다. 전문가의 의견 또한 일단 던져지고 나면 정확히 맞을지 완전히 반대로 갈지는 알 수 없습니다. 따라서 노련한 전문가일수록 어조는 조심스러운 경우가 많습니다. 다년간의 경험을 통해 자신의 의견이 100% 맞을 수 없다는 것을 알기 때문입니다.

이번에는 전문가의 밥벌이 모델을 생각해 보겠습니다. 유감스럽게도 전문가는 드라마틱하게 맞힐수록 몸값이 높아집니다. "맞을 수도 있고 틀릴 수도 있습니다"처럼 흐물거리는 전망은 아무도 좋아하지 않습니다. 과감하고 확신에 찬 어조로 강하게 질러야 맞았을 때 더 많은 것을 얻을 수 있습니다. 틀리면 어떻게 될까요? 어차피 틀린 의견은 대부분 잊어버립니다. 잠깐 부끄러울 수는 있겠지만 훌훌 털고 본업으로 돌아와 또 다른 전망을 내놓아야 하는 게 전문가의 숙명입니다.

이제 투자자의 입장으로 돌아오겠습니다. 전문가의 예측이 맞는다고 투자자가 돈을 버는 건 아닙니다. 전망은 항상 혼재하기 때문이죠. 같은 현상에 대해서, 같은 종목에 대해서 완전히 반대되는 전망이 동시에 나오기도 합니다. 그런데 어떤 전문가가 특정 의견을 독하게 고수하면 언젠가 한 번은 맞힐 수도 있습니다. 이럴 때 전문가는 매우 유명해질 수 있습니다. 유명세를 통해 돈을 벌 기회도 생깁니다. 겸손한 전문가는 표면적으로 인기를 끌기는 어렵습니다. 반면 맞고 틀리고를 떠나 강하게 말하고 자극적으로 지르면 주의를 끕니다. 일부 전문가들의 비관론이 인기 있는 이유도 거기에 있습니다. 사람들로 하여금 논쟁을 유발시키기 때문이죠.

이게 무슨 말일까요? 전문가들은 비관론을 유지하는 게 이득이라는 것입니다. 틀렸을 때를 가정하면 이해할 수 있죠. 자신의 비관론이 혹시 틀리더라도 시장이 오르면 대부분 투자자가 돈을 법니다. 때문에 틀린 것에 대한 비난이 커지지는 않습니다. 반면에 낙관론을 펼쳤는데 이후에 시장이 내리면 어떻게 될까요? 그에 대한 대중의 책임 추궁과 비난이 거세집니다.

이렇다 보니 일부 전문가들은 쉽게 낙관론을 펼치지 않습니다. 그렇다고 전문가분들을 비난할 필요는 없습니다. 전문가의 비즈니스 모델은 명성이지만 투자자의 비즈니스 모델은 투자수익이기 때문입니다. 투자자들에게 전해지는 유명한 격언이 하나 있죠.

'비관론자는 명성을 얻지만 낙관론자는 투자수익을 얻는다.'

이 사실을 항상 염두에 둬야 합니다, 수많은 전문가가 하는 우려의 말에 반응할 필요는 없습니다. 좋은 기업은 열심히 돈을 벌어 그 성과를 주주와 나눌 것이라는 믿음만 있으면 됩니다.

전망 하나하나에
갈대처럼 마음이 흔들리면
절대로 수익을 낼 수 없습니다.

그렇다면 전문가들의 말은 무조건 귀를 막아야 할까요? 그럴 필요도 없습니다. 전문가의 의견을 어떻게 활용해 이득을 볼지 고민하세요. 전문가는 어떤 사람일까요? 하루종일 경제와 사회를 분석하고 자료를 읽으며 공부하는 사람입니다. 거기에 맞춰 논리를 세우고 생각을 발전시키는 과정에 도가 튼 프로입니다. 특히 레퍼런스, 즉 참고자료를 찾는 데 도사입니다. 더 많은 자료에 액세스할 수 있고, 더 많은 자료를 찾아본 경험이 있습니다.

애널리스트 리포트나 뉴스 기사, 이코노미스트의 칼럼 등을 본다면 할 일이 있습니다. 해당 전문가가 펼치는 특정한 주장에 집중하지 말고, 그 주장을 펼치는 근거 자료를 확인하기 바랍니다. 전문가가 제시한 팩트(근거 자료)와 전문가의 주관적 의견을 구분하는 훈련이 필요합니다. 뉴스 기사, 칼럼, 리포트 등 세상에 쏟아진 수많은 전망에는 팩트와 의견이 뒤섞여 있습니다. 여기서 의견에 휘둘리지 않고 제시된 팩트를 걸러 내야 합니다. 그리고 그 팩트에 나의 의견을 재조합하는 능력이 필요합니다.

이렇게 남이 생산한 정보를 한 번 더 해석하는 것을 '2차적 사고'라고 합니다. 투자자에게 가장 중요한 능력입니다.

그리고 초보 투자자는 시장 전체나 거시경제에 대한 전망에 너무 신경 쓰면 안 됩니다. 투자자가 수익을 내는 데 있어 경제전망은 크게 도움이 되지 않습니다. 항상 상반된 의견이 존재하기 때문입니다. 좋아지거나 나빠지거나 둘 중 하나겠죠.

예를 들어서 경제 침체가 왔다면 어떻게 해야 할까요? IMF, 서브프라임, 코로나 사태 같은 큰 악재가 온다면 어떻게 해야 할까요? 이런 시기에는 힘들지 않은 기업이 없습니다. 다 어렵습니다. 모든 기업의 주가가 떨어집니다. 언제 회복이 될지 시점을 맞추는 것은 의미없습니다. 회복될 때도 다 같이 회복될 것입니다. 침체 구간이 언제 끝날지, 바이러스가 언제 종식될지 이런 걸 예측하는 건 의미없습니다. 그런 것들을 예측하는 전문가들의 영상을 보는 것도 솔직히 시간낭비입니다. 우량한 재무구조와 건실한 비즈니스 모델로 침체를 견딜 체력이 있는 우량 기업을 찾는 것이 투자에는 더 도움이 됩니다. 그게 투자자의 자세입니다.

열심히 공부해서 좋은 기업을 발굴했다면 악재가 와도 마음이 편합니다. 시간이 지나면 충분히 회복되고 그 이상의 수익을 돌려줄 테니까요. 반대로 내가 산 주식이 악재를 만났을 때 이상하게 마음이 많이 불편하고 기분이 나쁘다면? 진지하게 생각을 해 봐야 합니다. 내가 진짜 제대로 공부해서 좋은 기업을 산 게 맞는지, 혹시 공부 없이 주가가 오를 것이라는 막연한 기대로 뇌동매매한 것은 아닌지에 대한 고민을 해야 합니다.

기업 공부를 디테일하게 파고들려면 귀찮고 힘들기 마련입니다. 때문에 수많은 투자자는 쉽게 소비할 수 있는 경제 전망을 찾아다닙니다. 이런저런 이유를 들며 시장을 전망하는 콘텐츠는 당장은 공부한 것 같지만 진짜 기업을 공부한 것에 비하면 시간 낭비일 때가 많습니다. 특히 초보 시절에는 피해야 합니다.

투자자는 전문가의 의견이 아니라 의견을 위해 제시한 팩트를 활용해야 합니다. 그게 개미 투자자의 생존 방법입니다.

7장

알아 두면 쓸모있는
주식투자 공부법

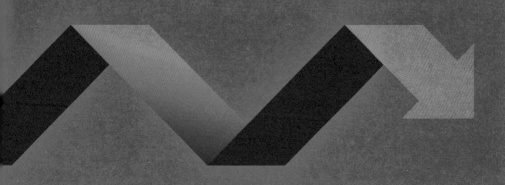

마지막 7장입니다. 6장까지는 주식투자를 위해 일반적으로 적용되는 내용 위주로 정리했습니다. 마지막으로 전해 드릴 이야기는 개인 투자자에게 특히 필요한 것들입니다.

코로나 팬데믹 이후 아이러니하게도 수많은 초보 투자자가 주식시장에 입문했습니다. 거기에 맞춰 생산된 정보의 양도 어마어마합니다. 수요가 있는 곳에 공급이 있기 때문이죠. 문제는 과잉 공급 속에서 공부할 방향을 잃어 갈 수 있다는 점입니다. 특히 정보를 처리하고 고르는 안목이 부족한 초보 투자자들은 시작도 하기 전에 과잉 정보의 파고에 좌절할 수도 있습니다.

개인적으로 가장 중요하게 생각하는 내용은 네 번째 챕터에 있습니다. 누구나 알 수 있지만 정말 소수만 실천하는 비법입니다. 실제로 제 주변에 셀 수 없이 제시한 방법인데요. 온라인 클래스와 지인들을 통틀어 1,000명이 넘는 사람들에게 알려 준 바 있습니다. 그런데 나중에 확인해 보니 끝까지 실천하는 분은 다섯 손가락에 꼽기도 힘들었습니다. 확률적으로 보면 쉽지 않을 수 있습니다. 집중해서 읽어 보고 내가 그 다섯 손가락에 들어갈 수 있을지 고민해 보시기 바랍니다. 마지막 꼭지에서는 앞으로 나아갈 길도 제시해 드렸습니다. 어떤 방식으로든 돈은 벌 수 있습니다. 하지만 어떤 방식이 나에게 맞는지를 정확하게 구분하는 것도 중요합니다. 그런 부분을 염두에 두고 마지막까지 파이팅하시기 바랍니다.

01 너무 많은 투자 정보의 원천, 어떻게 활용해야 할까?

주식투자는 세상이 우리에게 주는 거대한 '오픈 북 테스트Open Book Test'와도 같습니다. 오픈 북 테스트를 해 본 분들은 아시겠지만 답이 나와 있는 책을 본다고 시험이 딱히 쉬워지진 않습니다. 빽빽하고 두꺼운 책 속에서 정답을 '찾아야' 하기 때문이죠.

투자수익에 절대적인 비법 같은 건 없습니다. 각종 사회현상과 사람들의 행동, 기업의 활동 속에 더 좋은 주가 흐름을 보여 줄 종목이 은연중에 드러나게 되죠. 그것을 캐치한 투자자들은 약간 먼저 주식을 사고 기다립니다. 시간이 지나면 그런 선취매가 자연스럽게 수익으로 전환됩니다.

다만 문제는 투자에 힌트를 주는 정보가 너무 많습니다. 사람들은 크든 작든 수집벽이 있는데요. 정보에 대한 수집벽이 투자 자체를 방해하는 경우도 있습니다. 좀 더 정확히 말하면 정보의 범람은 항상 투자를 방해합니다. 이런 범람 속에서 내가 소화할 수 있는 정보를 잘 활용하는 '절제력'이 투자수익을 가져다줍니다.

대부분 처음 투자를 시작하는 분들은 본업이 따로 있습니다. 이런 본업과 병행하며 투자 공부를 하려면 제대로 된 시간 계획이 필수적입니다. 무조건 공부 시간을 많이 할애한다고 잘되는 것도 아닙니다. 투자에 도움이 되는 정보들이 어떻게 분류되며, 어떻게 활용해야 하는지를 이해해야 합니다.

우선 일반적으로 투자 공부에 활용되는 정보의 종류를 살펴보겠습니다.

1. 투자와 관련된 책

2. 기업의 사업보고서 및 각종 전자공시

3. IR 자료

4. 증권사의 기업분석 리포트

5. 뉴스/신문기사

6. 수출입 통계, 정책 자료

7. 블로그, 텔레그램 등 개인 투자자별 채널

8. 네이버 카페, 단톡방 등 온라인 커뮤니티

9. 유튜브, 팟캐스트 등 방송매체

10. 온/오프라인 주식 스터디

대충 분류해도 상당히 많은 미디어를 통해 투자 정보를 마주할 수 있습니다. 잠깐 생각해 보기 바랍니다. 이런 정보들이 24시간 안에 얼마나 많이 쏟아질까요? 그보다 더 중요한 질문이 있습니다. 이 많은 정보를 한 명의 개인이 얼마나 소화할 수 있을까요?

워런 버핏의 유명한 투자 격언 중 '능력 범위Circle of Competence'라는 말이 있습니다. 모든 사람은 저마다 이해하는 능력의 차이가 있고, 이해하는 범위의 차이가 있습니다. 쉽게 말해 지적 수준의 차이가 있다는 것이죠. 하지만 재미있는 점은 절대적인 수준 차이가 투자 성과로 직결되지 않는다는 것입니다.

오히려 자신의 수준을 객관적으로 잘 이해하는 것이 중요합니다. 잘 아는 분야가 있다면 그 분야에만 한정해 투자를 해도 뛰어난 수익을 올릴 수 있습니다. 반면 자신이 잘 이해하지 못해도 유망해 보인다고 생각해 무턱대고 쫓아가는 투자는 실패합니다.

버핏이 능력 범위에 머무른 가장 유명한 일화는 2000년대 초반 닷컴 버블 시기에 드러납니다. 당시 인터넷이 본격적으로 보급되고 무수히 많은 IT 기업이 창업되면서 '.com'이 붙기만 해도 주가가 급등하는 이상 현상이 일어났습니다. IT 기업들은 실적과 상관없이 주가가 오르며 거대한 버블을 만들었죠.

이때 IT 기업에 전혀 투자하지 않은 버핏은 많은 사람의 조롱을 받았습니다. 하지만 버핏은 '잘 이해하지 못하기 때문에 투자하지 않는다'며 끝까지 자신의 무관심을 지킵니다. 결국 IT 버블이 붕괴되고 수많은 기업이 반의 반토막, 1/10까지 떨어지는 대폭락장에서도 버핏의 회사인 버크셔는 안전하게 자산을 보전합니다. 이후의 회복 장세에서는 다른 투자자들보다 더 좋은 성과를 냈습니다.

초보 투자자들도 이런 태도를 이해하고 실천해야 합니다. 능력 범위라 함은 단위 시간당 이해할 수 있는 범위에서 투자하자는 뜻입니다. 투자 지식을 쌓는 과정에서도 이런 자세가 필요합니다. 텔레그램 보다가 유튜브 보다가 책도 읽다가 리포트도 보다가 스터디에서 추천받은 종목 아무거나 샀다가…. 동네 축구에서 무턱대고 공을 쫓아가듯 투자를 하면 절대 수익을 낼 수 없습니다. 실력도 쌓을 수 없습니다.

특히 처음에 공부를 시작할 때 공부하려는 산업군의 범위를 좁혀야 합니다. 정보 습득을 위해 활용하는 미디어의 종류도 적게 유지해야 합니다. 너무 다양한 정보를 동시에 보면 판단이 어려워집니다. '최신 편향'이라는 인간의 심리적 오류 때문입니다. 일반적으로 인간은 가장 마지막에 접한 정보를 가장 정확한 정보로 인지하는 경향이 있습니다. 특히 초보 투자자들은 새로운 정보를 볼 때마다 그럴듯하다고 현혹되게 마련입니다. 마주하는 정보가 옳은지, 투자에 도움이 되는지, 좋은 매수 기회인지, 매도의 신호인지 등 복잡한 판단이 필요한데요. 아직 판단력이 무르익지 않은 초보자들은 정보를 접할 때마다 자신의 생각을 바꾸게 됩니다.

정보를 습득하고 공부가 쌓여야 초보를 탈출할 수 있습니다. 하지만 아이러니하게도 너무 자주 정보를 습득하면 너무 자주 행동하게 됩니다. 빈번한 매매를 하는 경향이 생기죠. 깊은 판단이 없는 매매가 많이 생기면 확률적으로 실수가 늘어납니다. 실수가 늘어나면 결과적으로 손실이 누적됩니다. 공부를 한답시고 열심히 이것저것 보는데도 수익률이 신통찮은 초보가 꽤 많은데요. 대부분 이러한 과정을 겪기 때문입니다.

투자 실력은 절대로 하루아침에 만들어지지 않습니다. 하지만 시간이 지나고 경험이 쌓이면 저절로 좋아집니다. 산업과 거시경제, 주가 변화에 대한 이해의 폭이 넓어집니다. 무수한 정보 중 투자 기회를 알아보는 눈이 생깁니다. 그리고 제대로 된 기회에 베팅하는 행동력이 길러집니다. 이 모든 과정에 절대 시간이 들어감을 인정해야 합니다.

다시 현실로 돌아오겠습니다. 공부를 해야 실력이 느는데 공부를 너무 많이 하면 성과가 나빠집니다. 환장할 노릇이죠. 이런 아이러니를 어떻게 극복해야 할까요?

투자를 위해 쓰는 나의 시간을 '관리'해야 합니다. 어떤 정보부터 활용해야 할지, 막막한 공부에 어떻게 익숙해질 수 있는지, 어떻게 본업과 투자를 병행할 것인지 등 자기 자신을 경영한다는 마음가짐으로 계획을 세워야 합니다.

02 투자 정보의 종류

이제 대표적인 정보의 원천들을 하나씩 살펴보도록 하겠습니다. 각각 미디어의 특징은 무엇인지, 왜 봐야 하는지, 어떤 걸 조심해야 하는지 등을 말이죠.

1. 책

변하지 않는 지혜들은 모두 책에서 얻을 수 있습니다. 투자 분야뿐 아니라 모든 영역이 그렇죠. 책을 통해 투자에 입문한 사람들은 훨씬 실수를 적게 하며 투자 실력을 안착시킬 수 있습니다. 왜 그럴까요? 바로 투자 선배들의 경험을 살 수 있기 때문입니다. 해 보지 않고 실전 경험을 얻는 데는 책만 한 미디어가 없습니다.

하지만 투자로 돈을 버는 것은 결국 '실전'입니다. 기업들마다 사정과 상황이 다르죠. 종목마다 주가의 변화도 그때그때 다릅니다. 때문에 책만 읽어서는 한계가 있습니다. 따라서 뒤에 설명할 다양한 정보를 함께 공부해야 합니다. 그럼에도 초보 시절에는 최대한 책을 많이 읽길 추천드립니다. 어떤 책을 봐야 할까요? 가치투자연구소 카페에서 '2021 우량 투자서 35선 독서 가이드'라는 게시물을 검색해 보시면 많은 분이 읽고 검증한 최고의 양서들이 나옵니다. 꼭 확인해 보시고 거기 나온 책들은 2, 3년 안에 다 읽어 보시기 바랍니다.

┃ 2. 기업의 사업보고서 및 각종 전자공시

주식시장은 결국 수많은 기업의 생태계입니다. 생물들의 특징과 능력이 다른 것처럼, 기업들 또한 각자의 상황이 다릅니다. 따라서 투자 종목을 공부할 때는 케이스 스터디가 필요합니다. 이렇게 각 기업의 고유한 상황을 공부할 때 가장 효과적인 정보가 '전자공시'입니다. 분기별 실적과 사업 상황을 공유하는 사업보고서 및 분기/반기 보고서도 이런 공시에 포함되어 있죠.

상장한 기업들은 의무적으로 경영 상황에 대해 공시를 내야 합니다. 기업의 주인인 주주들을 위해 기업의 상황을 수시로 보고하는 것이죠. 따라서 공시를 활용하는 것은 주식투자에 참여하는 사람들의 권리나 마찬가지입니다.

하지만 공시는 하루에도 수백 개, 많으면 천 개 이상이 올라옵니다. 일일히 읽어 보기 쉽지 않죠. 실제로 수백만 명의 투자자 중 공시를 꼼꼼히 체크하는 사람은 얼마 되지 않습니다. 오히려 그래서 기회가 옵니다. 소수의 투자자들은 시간을 들여서 공시를 꼼꼼히 읽습니다. 그렇게 함으로써 한발 빨리 기회를 얻죠.

특히 실적 발표 보고서나 지분 공시 등을 잘 체크하면 좋은 아이디어를 얻을 수도 있습니다. 누구나 볼 수 있지만 모두가 보지 않는 정보에서 투자 기회가 찾아옵니다.

3. 증권사의 분석 리포트

처음 투자를 시작한 분들은 논리적인 투자 아이디어를 세우는 데 어려움을 겪는데요. 증권사 리포트를 통해 기업분석 전문가들이 논리를 세우는 것을 엿볼 수 있습니다. 시중에 나와 있는 꾸준히 쏟아지는 정보 중 투자와 가장 직접적인 전문 자료가 증권사 애널리스트들의 리포트입니다. 잘 정리된 정보를 빠르게 확인할 수 있습니다.

증권사별로 홈페이지에 리서치 자료를 게시하고 있는데요. 간혹 해당 증권사의 계정이 있어야만 열람이 가능한 경우도 있습니다. 크리블이나 한경 컨센서스같이 리포트를 오픈한 몇 개 증권사의 자료를 모아서 보여 주는 웹사이트도 있죠. 증권사 리포트는 의욕만 있다면 얼마든지 공짜로 볼 수 있는 훌륭한 자료입니다.

리포트에도 여러 종류가 있는데요. 투자 전략, 거시경제, 시장 전망 등의 리포트는 초보가 보기에는 다소 막연합니다. 가급적 산업 리포트와 기업 리포트를 많이 보세요. 산업 리포트는 특정 섹터 전반을 집중적으로 공부하는 데 유용합니다. 산업 리포트를 보다가 관심 기업이 생기면 해당 기업명으로 기업 리포트를 검색하면 됩니다. 한 가지 주의점이라면 애널리스트도 사람이다 보니 투자 의견은 주관적입니다. 애널리스트의 의견 자체를 맹신해선 안 됩니다. 해당 리포트를 어떤 논리로 작성했는지를 살펴보고 내 의견을 다듬는 데 활용해야 합니다.

지금은 슈퍼개미가 된 모 개인투자자 선배님의 경우 하루 두 시간씩 2년을 쉬지 않고 리포트를 읽었다고 합니다. 그 무렵 집중적으로 주식시장을 보는 눈이 길러지고 실력이 쌓였다는데요. 어떻게 공부할지 막막한 분들이라면, 위 방법을 따라 하는 것도 좋겠습니다.

▌ 4. IR 자료/주담 통화

증권사 리포트가 투자를 하려는 사람들의 관점으로 쓰여진 자료라면, IR 자료는 투자를 받으려는 사람들의 관점으로 쓰여진 자료입니다. 기업공시 사이트 KIND에 들어가면 IR 자료실이 있는데요. 많은 상장 기업의 기업설명회 일정 및 자료들을 찾을 수 있습니다.

　IR 또한 기업들이 분명한 목적, 즉 투자 유치를 위해서 쓴 자료이기 때문에 다소 주관성이 개입됩니다. 대신 기업들이 자사를 홍보하기 위해 활용하는 다양한 데이터는 도움이 됩니다. 기업이 어떤 포인트에서 자사의 미래를 좋게 보는지 확인하고, 그게 실현될 가능성은 어느 정도인지 추가로 리서치를 하며 투자 판단에 활용하면 됩니다.

　특정 기업에 궁금증이 생겼을 때 가장 확실한 건 기업에 직접 물어보는 것이죠. 모든 상장 기업은 IR 담당자—보통 주담이라고 부르죠—를 두고 문의 응대를 하고 있습니다. 기업에 대해 궁금한 점이 있으면 전화를 걸어 질문할 수 있습니다.

　단 질문하기에 앞서 유의할 점이 있습니다. IR 담당자는 수많은 주주의 문의에 대응하기 때문에 질문의 퀄리티가 좋지 않으면 스트레스를 받겠죠. 사업보고서에 이미 나와 있는 내용을 묻거나 무턱대고 주가가 왜 내려가는지 등을 물으면 대응이 만족스럽지 않을 수 있습니다. 디테일하게 공부를 해 두고, 아무리 찾아도 나오지 않으면 물어보기 바랍니다.

5. 뉴스/신문기사

　NEWS, 말 그대로 모든 새로운 소식이 매일매일 쏟아지고 있습니다. 뉴스 또한 꾸준히 소비할 경우 세상의 변화를 감지하는 눈을 기를 수 있습니다. 가끔 투자 고수분들이 뉴스에 나온 기사를 우연히 보고 투자 기회를 발견했다는 경험담을 들려주기도 합니다.

하지만 초보 입장에서 뉴스 기사를 어떻게 투자에 활용할지는 막막하죠. 정확히 어떤 정보가 투자로 연결되는지 찾는 안목이 부족하기 때문입니다. 이 부분은 경험 말고는 답이 없습니다. 세상의 소식 자체는 투자와 직접 관련은 없기 때문에 투자 아이디어와 연관 짓는 능력이 필요합니다. 보통 2차적 사고라고 부르는 부분이죠.

한 가지 팁을 드리면 뉴스를 능동적으로 검색하는 겁니다. 대표적인 예로 '가격 인상', '가격 폭등', '가격 하락'을 검색해 보는 것이죠. 가령 특정 재화의 가격이 폭등했다면 거기서 다양한 투자 아이디어가 파생될 수 있습니다. 폭등한 재화를 파는 기업은 유리할 것이고, 폭등한 재화가 원재료인 기업은 불리할 것입니다. 또는 폭등한 재화를 원재료로 하지만 가격 전가력이 있는 유능한 기업이라면, 추가 매출 신장의 기회로 해석할 수도 있죠.

뉴스 기사는 집중적으로 공부하기 좋은 정보는 아니지만, 자투리 시간마다 꾸준히 보면 몇 년 후 결실이 드러납니다. 투자자로서의 안목을 다지는 데 도움이 될 것입니다.

6. 수출입 통계, 정책 자료

우리나라 상장기업의 많은 수가 수출 기업입니다. 그렇

기 때문에 수출입 통계는 수출 기업들의 향후 실적을 예측하기 좋은 자료가 될 수 있습니다. HS 코드로 대표되는 품목별/지역별 수출입 통계를 체크하는 투자자도 많습니다. 가령 A 지역에 공장이 있는 B 품목 수출 기업이라면 해당 품목 코드와 지역을 선택해 월별 수출 실적을 볼 수 있겠죠.

국가의 정책과 관련된 결정 사항을 확인하는 것도 좋은 투자 아이디어가 될 수 있습니다. 전기료나 담뱃값 인상 여부도 예가 될 수 있고, 주택 보급 정책 등이 건설업 업황에 영향을 주기도 합니다. 정부가 정책으로 결정하면 기업들은 따라야 하기 때문에 중요한 변화가 생기기 마련입니다. 수출입 통계와 정책 변경 등은 비교적 객관적인 미래를 캐치할 수 있는 자료입니다.

7. 블로그, 텔레그램 등 개인 투자자별 채널

이미 오랫동안 주식으로 돈을 벌어 온 수많은 개인 투자자가 있습니다. 요즘은 개인 투자자들도 자신의 투자 의견을 온라인에 공유합니다. 기업분석 능력이 뛰어나고 좋은 투자 성과를 보이는 고수 투자자들의 경우 블로그나 텔레그램, 유튜브 등에서 많은 구독자를 갖고 있죠.

초보 투자자 입장에서는 고수 개인 투자자들의 관점과 생각을 엿볼 수 있는 좋은 채널입니다. 특히 주식투자와 직접적인 정보들을 개인의 신분으로 가감없이 솔직하게 밝혀도 된다는 점이 유용합니다. 고수들은 이렇게 기업분석을 하고 투자 판단을 하는구나, 이런 부분을 배우기 좋죠.

하지만 주식 고수도 결국 한 명의 인간입니다. 주관이 많이 섞일수밖에 없죠. 게다가 애널리스트처럼 제도권의 영향을 받지도 않기에 더욱 주관적인 의견이 많습니다. 요즘은 이러한 고수 투자자들의 영향력이 매우 커졌습니다. 유명한 개인 투자자가 블로그 등에 언급한 종목이 다음 날 큰 시세를 만드는 웃지 못할 해프닝도 생깁니다. 개인 채널을 보고 다른 사람이 추종 매매를 하는 것은 책임질 필요가 없죠. 개중에는 미디어 파워를 악용하는 경우도 있습니다.

아무리 확신이 큰 종목이라도 저가에 매집해 놓기 전에 온라인에 공유하기는 쉽지 않습니다. 추종자가 많을 경우 물량을 확보하기 전에 주가가 올라 버릴 수도 있기 때문입니다. 그래서 이미 충분히 매집이 된 종목을 홍보 측면에서 포스팅하는 경우도 있습니다. 때문에 고수 투자자가 언급한다고 해서 무조건적인 추종 매매를 해서는 안 됩니다.

8. 네이버 카페, 단톡방 등 온라인 커뮤니티

요즘은 온라인에서 커뮤니티를 만들어 집단지성을 활용하는 경우도 많습니다. 유명한 네이버 카페인 가치투자연구소가 좋은 예라고 볼 수 있겠죠. 그 외에도 크고 작은 스터디에서 단톡방을 만들어 서로의 의견을 공유합니다.

카페, 밴드, 단톡방 등에서는 많은 사람의 의견을 모니터링할 수 있습니다. 투자에 관심이 많은 대중이 어떤 생각을 하는지 확인할 수 있죠. 특히 좋은 투자 아이디어는 빠르게 전파되기 때문에 좋은 기회를 엿듣게 될 수도 있습니다.

하지만 온라인 커뮤니티는 독이 될 수 있습니다. 대중에 휩쓸린 투자자는 결코 초과 수익을 낼 수 없습니다. 모두가 이야기하고 좋아하는 아이디어는 이미 비싼 경우가 많습니다. 그렇기 때문에 초보 시절에는 이런 채널에 의존하지 않아야 합니다. 사람들의 생각을 가볍게 파악하는 정도로만 활용하길 추천드립니다.

9. 유튜브, 팟캐스트 등 방송매체

영상과 음성은 활자로 된 정보에 비해 훨씬 가볍고 쉽게 소화할 수 있습니다. 특히 요즘은 뛰어난 지식을 가진 전문가나 고수들도 유튜브, 팟캐스트에서 활동하고 있습니다. 뿐만 아니라 증권사 리서치 센터가 직접 채널을 운영하며 자사 애널리스트의 리포트를 직접 영상화해 보여 주기 시작했습니다. 예전에는 TV의 증권 방송 채널이 유명했지만, 요즘은 이렇게 직접 제작된 유튜브 채널이 훨씬 유용합니다.

하지만 영상과 음성 방송에도 문제점은 있습니다. 일단 활자와 영상의 정보 습득 패턴이 다르죠. 글로 자료를 읽을 때는 원하는 대로 스킵하면서 빠르게 확인이 가능합니다. 하지만 방송의 경우 색인이 쉽지 않아 정보를 소화하는 데 시간이 걸립니다.

방송 포맷의 특성상 더 전문적으로 보이고 더 신뢰가 들 수 있지만 사실만을 다룰 수는 없습니다. 얼마든지 틀릴 수 있고, 방송의 형태를 빌미로 순진한 초보 투자자를 우롱하는 악의적인 콘텐츠도 상당히 많습니다. 보기 쉽고 편하다고 해서 방송 형태의 투자 정보에 의존해서는 안 됩니다.

다만 산업과 기업을 구체적으로 다룬 콘텐츠들은 도움이 될 수 있습니다. 투자 자체를 다루는 게 아니라 특성 분야의 지식 전달을 목표로 하는 방송도 많은데요. 의외로 이런 곳에서 투자 판단에 도움이 되는 정보를 얻을 수도 있습니다. 원하는 섹터, 원하는 기업과 제품에 대해 검색해 방송을 찾는 것도 요령입니다.

▌ 10. 온/오프라인 주식 스터디

그룹 스터디는 입시, 유학, 영어회화 등 수많은 배움의 현장에 활용된 효과적인 방법이죠. 주식 공부도 예외는 아닙니다. 전국에 걸쳐서 수많은 개인 투자자가 스터디를 조직해 다른 사람과 함께 종목 공부를 하고 있습니다. 가치투자연구소 같은 카페의 투자

모임 게시판을 찾아보면 내가 사는 지역 주변의 스터디를 찾을 수 있습니다.

스터디의 좋은 점은 '내 투자 아이디어를 깊게 검증할 수 있다'는 점입니다. 다른 투자자들에게 아이디어를 공유하고 피드백을 받음으로써 내가 실수한 부분은 없는지 확인할 수 있죠. 그리고 다른 사람이 내가 모르는 새로운 산업과 기업을 공부하고 공유해 줌으로써 지식의 범위를 확장할 수도 있습니다.

스터디는 언제 어디서든 최소한 한두 개는 가입되어 있는 게 좋습니다. 하지만 투자를 막 시작한 초보는 가입 자체가 쉽지 않습니다. 1차적으로는 빠르게 독학을 해서 가입 조건에 맞는 지식을 쌓아야 하겠죠. 어느 정도는 운도 필요합니다. 이미 활성화된 스터디에서 갑자기 새로운 멤버를 필요로 하는 경우는 많지 않으니까요.

만약 다른 스터디에서 받아 주지 않는다면 직접 만들어서 운영하는 방법도 있습니다. 투자 초보를 벗어나는 가장 빠른 길은 투자의 과감함이 아니라 공부의 과감함입니다. 솔직하게 투자 초보지만 열정이 있고 직접 스터디를 만들어 운영하겠다고 공고를 올린다면, 의외로 좋은 투자 동료를 얻을 수도 있습니다. 운이 좋다면 경험 많은 고수 투자자가 합류할 수도 있죠. 이렇게 다른 사람과 함께 공부를 하면 내 지식과 실력을 빠르게 쌓을 수 있습니다.

다양한 형태의 투자 정보들을 확인해 봤습니다. 어떠신가요? 하루에 이 많은 정보를 다룰 수는 없겠죠. 사실 모든 정보를 빠짐없이 이용할 필요는 없습니다. 중요한 건 내가 꾸준히 지킬 수 있는 공부 패턴을 만드는 것입니다.

어떤 식으로 공부 계획을 세울지에 대해서는 잠시 뒤 이야기할 예정입니다. 하지만 그보다 앞서 하나의 기업을 분석하고 투자 아이디어를 세우는 법을 알아보겠습니다.

03 직접 써 보자, 기업분석

        투자 스터디를 활용하면 실력을 빨리 쌓을 수 있다고 언급했습니다. 하지만 스터디에 들어갈 수 있으려면 기업분석 보고서를 쓸 수 있어야 합니다. 애널리스트분들이 기업을 분석해 리포트를 쓰는 것과 크게 다르지 않습니다.

    전문가처럼 쓸 필요는 없습니다. 자유롭게 쓰세요. 다만 꼭 들어가야 하는 내용들이 있습니다. 투자 판단에 도움이 될 요소들이 있어야 하죠. 간단히 정리해 보겠습니다.

1. 기업개요

    기업개요를 쓰는 목적은 무엇일까요? 이 기업이 무엇을

파는 회사인지, 현재 시장에서 어떠한 평가를 받고 있는지, 과거부터 현재까지 주가 변화가 어떠했는지. 이렇게 쉽게 확인할 수 있는 가벼운 정보를 수집하는 것입니다. 시가총액, PER/PBR 등 재무제표, 주요 주주, 주요 사업모델 등 기업의 현황을 볼 수 있는 가벼운 요약을 작성합니다. 꼭 글을 쓸 필요도 없습니다. 사업보고서나 네이버 증권 같은 곳에서 캡쳐해 붙여도 됩니다. 일봉, 주봉, 월봉 등의 차트를 붙여도 좋습니다.

2. 실적 및 재무제표

최근 3년에서 길게는 10년 정도까지의 실적을 정리해 봅니다. 보통 매출액, 영업이익, 당기순이익을 기본으로 보죠. 실적 흐름에서 특이 사항이 있으면 이유를 찾아서 코멘트를 남기면 좋습니다. 와이즈에프엔, 아이투자, 퀀트킹, 세종기업데이터 등 온라인 서비스에서 모든 상장기업의 실적을 정리해 줍니다. 물론 수작업으로 사업보고서를 일일히 열어 옮겨 적어도 됩니다. 직접 옮겨 적으면 좀 더 디테일한 숫자들을 볼 수도 있으니까요.

3. 사업 요약

'기업개요'에서 쓴 내용 중 '무엇을 파는가'에 대해 더 깊이 있게 파고드는 단계입니다. 주요 비즈니스 모델, 향후 업황에 대한 전망 등을 적습니다. 여기서 중요한 건 타인을 이해시키기 위해 쓴다는 것입니다. 따라서 누가 읽어도 알 수 있게 명확하게 작성해야 합니다. 만약 제품에 대한 예시 사진을 붙일 수 있다면 좋겠죠.

특히 중요한 것은 PQC를 결정짓는 핵심 요소를 찾는 것입니다. 가격 결정권이 높은 기업은 가격 인상 여부가 중요합니다. 고성장 기업은 매출액과 영업이익의 상승률이 가장 중요합니다. 성장이 정체되어 있고 업황 변동이 적은 기업이라면 비용을 절감할 때 이익이 개선될 수 있습니다. 이렇게 기업별로 '상황이 좋아지는' 핵심 인자가 다릅니다.

해당 기업의 과거 주가 변화를 살피는 것도 도움이 됩니다. 특정 기업이 주가가 상승했던 시기에 어떤 변화가 있었는지 조사합니다. 그리고 주가를 상승시킨 핵심 원인을 파악합니다.

4. 투자 아이디어

특정 종목을 매수하기 위해 핵심 조건은 두 가지입니다. 첫 번째는 투자 아이디어의 매력도입니다. 사업 요약과 미래 일어날 사건을 기반으로 해당 기업의 주가가 올라갈 근거를 제시하는 단계입니다. 유가가 올라가니 정유회사 A의 매출액이 올라간다. 달러가 강해지니 해외로 수출하는 B 기업의 실적이 좋아진다. 히트 상품이 있는데 이 상품을 제작하는 기업이다. 이런 것들이겠죠. 실제로 투자 아이디어를 검증받을 때는 명확성과 임팩트가 중요합니다. 변수가 적고 심플하며, 실현되었을 때 파급효과가 큰 아이디어가 좋습니다. 주가는 이런 아이디어가 실현되었을 때 크게 상승합니다. 실적 서프라이즈가 잘 먹히는 이유도 이런 데서 찾을 수 있습니다. 실적 발표는 3개월에 한 번씩 돌아오므로 비교적 빈번하게 검증이 되죠. 특히 다른 사람들의 예측보다 크게 잘 나온 경우 관심도와 임팩트가 커지므로 주가 상승도 강합니다. 대신 이런 서프라이즈의 지속성 또한 검증되어야 합니다. 만약 일회적인 서프라이즈라고 판단되면 금방 주가가 돌아가기도 합니다. 지속 가능한 실적 개선으로 판단되면 더 오랜 기간 랠리를 이어 가기도 하죠.

5. 리스크

투자 아이디어는 주로 최상의 상황을 가정합니다. 하지만 모든 것이 최상으로 흘러갈 가능성은 거의 없습니다. 기업 활동은 변수가 많은 모험이므로 언제든 나쁜 일이 발생할 수 있습니다. 막연하게 아름다운 미래를 그리고 주식을 왕창 샀는데 예상치 못한 악재가 발생해서 손실을 입는 사람이 정말 많습니다. 발생 가능한 악재나 기타 기업이 안고 있는 문제점들을 미리 작성해 놓아야 합니다. 그래야 균형 있는 판단을 할 수 있고, 실제로 그 문제점이 발생했을 때 냉철하게 투자를 접을 수도 있습니다.

리스크 요소는 다양합니다. 대주주의 인성과 평판, 사건 사고, 정부의 정책, 글로벌 정세, 자연재해 등 일단 생각나는 것은 빠짐없이 적어 봅니다. 대신 투자 아이디어와 마찬가지로 임팩트가 강하고 특히 위험한 리스크가 있는지도 파악합니다. 실제 투자를 했을 때 해당 리스크가 발생한다면 뒤도 보지 않고 매도할 수 있어야 합니다.

6. 밸류에이션/목표가/매수가

특정 종목을 매수하기 위해 핵심 조건은 두 가지라고 했는데요. 남은 하나가 바로 밸류에이션입니다. 밸류에이션은 기업의 적정 가격을 판단하는 단계입니다. 최대한 객관적으로 리서치해서 주관적인 결론을 내는 아이러니한 단계이기도 합니다.

1차적으로는 투자 아이디어가 실현될 시점을 가정합니다. 1년 후, 당장 다음 분기, 몇 년 후 등 시점을 먼저 정합니다. 그다음 해당 시점의 가치 산정을 해 줍니다. 아이디어가 실현될 경우 어느 정도까지 시총이 상승할 수 있는지, 실현 시점과 비교해 지금은 어느 정도 저렴한지를 확인합니다.

어떤 기업의 시가총액이 평균적으로 순이익의 10~20배 사이에서 움직였다. 그런데 1년 뒤 업황이 개선되고 새로운 공장이 가동되면서 순이익이 2배 증가할 것 같다면? 가장 저평가 구간이었던 10배만 받아도 지금 순이익의 20배를 받는 것이다. 현재 시가총액은 순이익의 12배다. 12에서 20으로 상승할 수 있다면 60% 이상의 기대 수익이 예상된다. 이런 식으로 판단하는 게 밸류에이션입니다. 기대 수익이 충분하지 않을 경우 충분히 수익이 날 만한 안전한 매수 가격대를 제시할 수도 있습니다. 현재보다 20% 이상 가격이 하락한다면 매수한다는 식으로 말이죠. 주가는 언제든 떨어질 수 있습니다. 실제 투자를 할 때도 희망하는 매수 가격이 올 때만 사는 게 좋습니다.

위의 6개 항목이 포함된 보고서를 다양한 기업에 걸쳐 꾸준히 쓰다 보면 자연스럽게 스터디에 들어갈 만한 실력이 생길 것입니다. 나아가 투자로 수익을 내는 내공도 쌓이게 됩니다.

처음부터 마스터할 수는 없습니다. 나름 많이 공부했는데도 스터디 가입이 어려울 수 있습니다. 그럴 때는 직접 스터디를 조직하는 것도 방법입니다. 특히 내가 사는 지역에 스터디가 없을 경우 직접 하나를 만들어 공고를 내면 분명히 지원자가 생길 것입니다. 가입 공고는 가치투자연구소 카페에 올리면 누구나 볼 수 있으므로 효과가 좋습니다.

초보가 스터디를 조직한다고 초보만 모이는 것은 아닙니다. 배울 점이 많은 고수분들이나 유경험자분들이 들어오기도 합니다. 초보라고 해도 성실하고 의욕 있는 분들이 모이면 됩니다. 그러면 모두의 실력이 빠르게 올라갈 수 있습니다. 중요한 건 도중에 흐지부지되지 않는, 꾸준히 독려하고 연구하는 면학 분위기입니다.

여담이지만 스터디에 들어간 후에도 조심할 점이 있습니다. 초보가 스터디에 들어가면 조금이라도 먼저 시작한 분들의 말은 다 맞는 것처럼 들립니다. 하지만 꼭 내 공부로 남의 의견을 검증해야 합니다. 단톡방에서 주워듣거나 스터디의 고수가 이야기한 종목을 내 공부 없이 따라 사면 안 됩니다. 그런 행동은 절대로 내 실력을 올려 주지 않습니다. 스터디에 들어갔다고 개인 공부를 소홀히 하고 정보 추종만 하는 것은 장기적인 기회를 훼손하는 행위입니다. 내 실력을 통해 재산을 크게 늘릴 기회를 차단하는 것입니다.

직장에서 상사가 시켜 꾸역꾸역 써야 했던 보고서나 발표 자료를 떠올려 볼까요? 그런 자료들을 만들기 싫었던 이유는 뭘까요? 직접적으로 나에게 득이 되는 게 없기 때문입니다. 하지만 기업분석 보고서는 다릅니다. 배우는 족족, 정리하는 족족 내 것이 됩니다. 그리고 이런 리서치가 모여 나의 계좌를 두둑하게 불려 줄 것입니다. 마다할 이유가 없지 않나요?

04 실력을 가장 빠르게 늘리는 방법

유명한 개인 투자자 한 분이 이런 말을 했습니다.

"몰라서 못하는 게 아니라 알아도 안 하는 것이다."

투자 공부를 처음 시작할 때는 누구나 막막합니다. 기업의 세계는 방대하고 볼 것도 많습니다. 주식투자는 공부한다고 즉각 돈이 벌리지도 않습니다. 오래 버티면 자연스럽게 배우지만 버티지 못하고 그만두는 사람이 훨씬 많습니다.

오랫동안 버틸 수 있으려면 루틴Routine을 가져야 합니다. 루틴을 만들려면 어떻게 해야 할까요? 실천하기 쉽고 명확해야 합니다. 관련해서 제가 테스트한 프로그램이 하나 있습니다. '작심 3주'라는 이름으로 참여자들을 모아 3주 동안 하루도 빠지지 않고 주식 공부 기록을 남기게 했습니다. 실제로 참여한 분들 중 꾸준히 루틴을 유지한 분들은 단기간에 분석 능력이 올라가는 게 눈에 보였습니다. 이때의 실험을 토대로 초보 투자자분들이 단기간에 공부량과 투자 실력을 쌓는 요령을 고민해 봤습니다. 하루에 최소 1시간 정도 공부 시간을 가지고 1주일 동안 한 개 종목에 대한 분석을 진행하는 루틴입니다. 월요일부터 일요일까지 매일의 숙제가 있습니다. 일별 공부 내용은 다음과 같습니다.

월 : 산업 리포트

주로 월요일에 산업 리포트가 많이 올라옵니다. 주초에 커버하는 산업을 브리핑하는 애널리스트분이 많기 때문입니다. 관심 가는 리포트를 최소 두 개 이상 읽습니다. 그리고 각 리포트에서 가장 중요한 문장을 선정해 옮겨 적거나 형광펜으로 밑줄을 칩니다. 요즘은 PDF에도 형광펜 기능이 있으니 온라인으로 해도 됩니다.

중요한 것은 빽빽한 리포트 속에서 핵심 내용을 발췌하는 것입니다. 긴 문단에서 가장 중요한 문장을 고르는 건 투자 아이디어를 다듬기 위한 훈련입니다.

화 : 기업 리포트

위에 선정한 산업에 관련된 기업 중 관심이 생긴 기업의 리포트를 검색해 찾아봅니다. 빠르게 훑어보며 최소 6개월 동안 언급된 리포트를 모두 읽어 봅니다. 만약 발행된 리포트가 너무 많다면, 제일 많이 올라오는 특정 애널리스트만 선정해 시간별로 발행된 리포트를 읽으며 톤의 변화가 있는지 살펴봅니다. 지금의 리포트가 과거와 비교해 더 긍정적인지, 부정적인지, 항상 같은 논리인지, 주가는 어떻게 바뀌었는지 등을 말이죠. 그 후 월요일과 마찬가지로 중요한 문장을 두 개 찾아 발췌합니다.

수 : 사업보고서

해당 기업의 사업보고서를 읽습니다. 앞서 언급한 사업보고서 읽기를 참고하여 아래와 같은 내용을 요약해 봅니다.

(1) 어떤 아이템을 파는 기업인가? 핵심 매출처는 어디인가?

(2) PQC의 핵심 요소는 무엇인가? 어떤 요소에 영향을 가장 크게 받는가?

(3) 향후 전망은 좋은가, 나쁜가? 어떻게 바뀔 것인가?

목 : 관심 기업 뉴스 모음

기업명으로 뉴스 검색만 해도 훨씬 많은 시사점을 얻을 수 있습니다. 특히 수요일까지 공부에 포함되지 않은 리스크가 발견될 경우 꼭 적어 봅니다. 가령 기업 대표가 부정 스캔들에 휘말린 적이 있다거나 기업이 소송을 당한 경우를 찾을 수 있습니다. 반대로 리포트에 나오지 않은 호재를 발견할 수도 있습니다.

그리고 읽은 뉴스의 링크를 복사해 붙여 둡니다. 나중에 다시 읽거나 내가 작성할 보고서에 삽입할 수도 있습니다. 마지막으로 정리한 뉴스와 관련된 내 의견을 짧은 코멘트로 적어 둡니다.

금 : 재무제표 정리

재무제표? 갑자기 긴장하는 분들도 있을 것입니다. 어렵게 생각하지 마세요. 네이버증권에 요약된 기업실적분석을 복사해도 되고 엑셀 등에 수기로 표를 만들어도 됩니다. 형식은 자유입니다. 꼭 작성되어야 하는 것은 다음과 같습니다.

(1) 최근 3년 이상의 분기별 실적(매출액/영업이익/당기순이익)
(2) 부채 비율, 적자 발생 여부

재무적인 리스크가 있으면 같이 적습니다. 가령 실적이 꺾였다거나 부채가 크게 늘어난 시점이 있다면 체크하고 그 이유도 적어 봅니다. 혹은 과거에 실적이 크게 좋아진 적이 있다면 체크하고 왜 좋았는지도 확인합니다. 특정 상황에 실적이 개선된다면 같은 상황이 재현될 때 투자하여 수익을 낼 수 있습니다.

추가로 아이투자 등의 사이트에서 최근 몇 년간의 PER, PBR값과 평균값을 찾을 수 있습니다. 현재의 값과 비교해 보면 지금 주가가 고평가 구간인지 저평가 구간인지 가볍게 확인할 수 있습니다.

▌토 : 투자 아이디어 정리

여기서부터는 굉장히 주관적인 작성입니다. 스터디에 나가 내 관심 종목을 발표한다면 무엇을 이야기해야 할지 적는 단계입니다. 결국 모든 투자 포인트는 아래와 같습니다.

(1) 이 기업의 주가가 오를 이유
(2) 이 기업의 주가가 떨어질 이유

주가가 오를 이유는 여러 가지 있겠지만 명확하고 강력한 아이디어 하나를 강조하는 게 낫습니다. 애매한 이유가 주가를 올려 주지는 못합니다.

"보유 자산이 시가총액만큼 많다."

"배당을 7% 준다."

이런 것들은 앞으로 주가가 더 오를 이유가 아닙니다. 더 내려가지 않을 이유죠. 기업의 요소들 중 하방을 지지하는 요소가 있고, 상방을 열어 주는 요소가 있습니다. 이 차이를 명확히 구분해야 합니다. 상방을 열어 주는 요소는 본업에서 생길 '변화'입니다. 새로운 산업이 열리거나 다운사이클이 끝나고 업사이클이 시작되는 등 이전에 비해 앞으로 실적이 '크게' 개선될 포인트가 있어야 합니다. 명확하고 강력한 아이디어는 이렇게 큰 개선에 영향을 줄 요소가 포함되어야 합니다.

반면 주가가 떨어질 이유는 대부분 사업 리스크입니다. 내 투자 아이디어를 훼손시킬 방해 요소들을 상상해 봅니다. 리스크는 많이 생각할수록 좋습니다. 많은 리스크에도 불구하고 주가가 오를 이유가 더 강력하면 투자할 가치가 있는 아이디어로 봐도 됩니다.

일 : 적정 매수가/보유 기간 제시

아무리 기업이 좋고 아이디어가 매력적이라도 내가 얼마에 사겠다는 기준이 있어야 합니다.

'나는 5만 원 위로는 안 사고 기다릴 거야.'

이렇게 정했다면 쓸데없는 뇌동 매매를 할 가능성이 훨씬 낮아집니다.

우선 투자 아이디어가 실현되었을 때의 적정 주가/시총을 적어 봅니다. 그리고 지금 주가 대비 상승 여력을 구해 봅니다. 만약 지금 주가가 2만 원인데 2만 4,000원까지 오를 수 있다면 상승 여력은 20%가 되겠죠?

추가로 아이디어가 실현될 때까지 기다릴 수 있는 적정 보유 기간도 적습니다. 만약 제품가를 올릴 가능성이 있다면 언제쯤 가격 인상을 발표할지 생각해 봅니다. 시점 계획을 세우기 어려운 아이디어는 피하는 게 낫습니다. 하염없이 기다려야 가능한 아이디어가 아니라 특정 시점까지 기다리면 되는 아이디어가 필요합니다.

만약 보유 기간을 고려한 기대 수익률이 내 목표 연평균 수익률을 상회한다면 투자를 고려할 수 있습니다. 가령 나는 연 15%의 수익을 원하는데 해당 기업을 2년 보유할 경우 32% 이상의 수익이 기대된다면? 그때 편입을 고려해야 합니다.

경험적으로 봤을 때 투자 아이디어는 과장되게 마련입니다. 그렇기 때문에 업사이드가 크게 보이는 아이디어만 고르는 게 낫습니다. 최소 1년에 20% 이상, 2년에 40~50% 이상의 수익이 기대되는 경우를 찾아보시기 바랍니다.

이렇게 일주일을 정리하면 나의 투자 유니버스에 관심 종목이 하나 만들어지는 것입니다. 다음 주에 바로 투자할 수도 있겠지만, 꾸준히 관심을 두며 매수 기회를 노릴 종목을 찾았다고 생각하는 게 낫습니다. (내가 무심코 본 기업이 마침 매수 기회인 경우는 생각보다 많지 않겠죠?)

이렇게 10개 정도 기업이 쌓이다 보면 3개월도 안 되어 훨씬 성장했다는 것을 체감합니다. 1년이 지나면 어떻게 될까요? 내가 이해하는 기업이 52개로 늘어납니다. 2주 정도는 휴가 가고 쉰다고 쳐도, 한 해에 50개의 기업을 공부하게 됩니다. 2년만 해도 100개 기업이죠.

국내 상장 기업만 2,000개가 넘지만 실제로 경험 많은 투자자분들이 검토하는 기업은 100개에서 200개 남짓입니다. 나머지 기업은 주가가 터무니없이 높거나 사업 구조가 우량하지 않은, 흔히 말하는 '잡주'이기 때문입니다. 모든 산업을 다 이해하지 못하기 때문에 이해가 되는 산업에 집중하는 이유도 있습니다.

현실적으로 실천 가능하면서도 효과적인 공부 방법을 제시해 봤습니다. 핵심은 '꾸준히 지킬 수 있는 단순한 방법'을 '실제로 지키는 것'입니다. 그 이상의 노력을 할 수 있다면 당연히 더 좋겠죠. 본업과 병행하는 투자자로서 하루 한 시간 정도를 할애한다면 위와 같은 방법을 사용해 보기 바랍니다.

하지만 하루 한 시간 정도의 공부 시간도 확보할 수 없다면 이 방법은 지킬 수 없습니다. 내게 주어진 24시간 중 한 시간의 정성도 들일 수 없다면 종목을 발굴하는 직접 투자는 안 하는 게 낫습니다. 하루 10시간 이상을 투자 공부에만 쏟는 사람도 엄청나게 많습니다. 그런 상황에서 노력 없이 동일한 성과를 기대할 수 있을까요?

이런 경우에는 전혀 다른 접근법을 써야 할 텐데요. 거기에 대해서도 이야기해 보겠습니다.

05 공부할 시간이 없는 사람들을 위한 주식투자법

　　본업이 너무 바빠서, 육아가 힘들어서, 타고난 게 게을러서, 공부머리가 없어서 부득이하게 주식 공부에 시간을 쓰기 힘든 분들이 있습니다. 하지만 어떻게든 자산을 불려야 하죠. 이런 분들을 위해 따로 고민을 해 봤습니다.

　직접 투자에서 가장 중요한 것은 판단력입니다. 그런데 투자에 필요한 판단력을 기르려면 오랜 공부와 훈련이 반드시 필요합니다. 판단력이 개입하기 때문에 초과 수익을 낼 수 있는 것입니다. 그럼에도 불구하고 '약간의' 초과 수익을 내는 것은 판단력 없이 가능합니다. 하지만 이 경우 내 판단을 아예 없애야 합니다. '가만있어도 2등은 간다'는 말이 있죠? 의도를 가지고 전략적으로 가만있어야 성과가 납니다. 이렇게 '본격적으로' 수동성을 구축한다면, 판단을 배제한 투자도 의외로 성과를 낼 수 있습니다.

그렇다면 내 판단력을 배제한 투자는 어떤 것일까요? 고르는 수고를 들이지 않고 투자 대상을 찾으려면 기업의 개별 성적은 잊어야 합니다. 잘될 때도 있고 아닐 때도 있습니다. 공부를 하지 않으면 어떤 때인지 구분할 수 없습니다. 선택하는 무기가 달라집니다. 주식 시장뿐 아니라 자본주의와 인류의 역사가 장기적으로 검증한 방법을 써야 합니다.

공부를 하는 데 시간을 쓸 수 없다는 전제 아래 투자로 수익을 내려면 몇 가지 조건이 있습니다.

공부하지 않는 투자의 전제

❶ 목표 수익률을 냉정히 세팅해야

수동적이지만 절대적 수익을 내고 싶다면? 기대 수익률을 조금 양보해야 합니다. 연평균 20% 이상의 수익, 곱절까지 불어나는 고수익은 불가능하다는 것을 인정해야겠죠. 대신 투자 자체를 멈추지 않는다면 예금이자보다는 확실히 나은 수익을 낼 수 있습니다. 이론상 주식 자체의 장기 수익률은 7~8%입니다. 여기에 약간의 통찰력과 상식을 섞어 장기적으로 10% 초반대의 수익률을 가져가는 것을 목표로 하면 좋을 듯합니다.

❷ 장기적 확률로 확실히 돈을 버는 투자처에 한정

고수익의 기반은 판단력입니다. 하지만 판단력을 기르려면 공부가 선행되어야 합니다. 공부가 불가능하다면 판단력이 아니라 다른 방법으로 돈을 벌어야 합니다. 앞서도 말씀드렸지만 역사를 이용해 돈을 버는 방법을 추천합니다. 특히 긴 역사를 볼수록 확률적인 정확도가 높아집니다. 100년간 지속된 것은 1년간 지속된 것보다 유지될 확률이 높겠죠? 당장 내일 얼마나 추울지를 맞히는 건 어렵지만 여름이 겨울보다 따뜻할 거라는 건 누구나 확신할 수 있습니다. 이렇게 역사적으로 검증된, 확률이 높은 영역에 투자하는 것입니다.

❸ 단순한 원칙에 집중해야

대부분 복잡한 원칙은 자신감의 결여에서 나옵니다. 수익률에 큰 욕심을 내지 않는다면 단순한 원칙으로도 충분히 성과를 낼 수 있습니다. 실천 가능성을 기반으로 보면 원칙은 복잡할수록 지키기 어렵습니다. 20개의 조건을 지키기보다 2, 3개의 조건을 지키기가 쉽겠죠? 지키기 쉬운 원칙을 세워야 끝까지 할 수 있습니다.

❹ 장기투자 해야

수동적 투자건 능동적 투자건 장기투자는 예외없이 좋은 성과를 돌려줍니다. 역사와 통계가 증명해 주고 있죠. 2, 3년 경기는 맞추기 어렵지만 10~20년 뒤 인류가 지금보다 번영할 것은 확실합니다. 외계인이 침공하거나 운석이 떨어지지 않는 이상 인류의 번영에 투자하면 반드시 자산이 늘어날 수 있습니다.

이런 조건을 기반으로 시간이 없는 투자자들을 위한 공부 제로 투자법 4선을 준비해 봤습니다.

공부 제로_{zero} 투자법 4총사

❶ 지수 인덱스 투자

워런 버핏과 펀드매니저들의 유명한 내기 일화가 있습니다. 펀드매니저들이 주식을 발굴하며 직접 운용하는 상품을 액티브 펀드라고 하죠. 워런 버핏은 금융 위기 직후 지수 인덱스에만 투자해도 액티브 펀드보다 나은 성과를 낼 수 있다고 주장했습니다. 이것을 계기로 모 헤지펀드와 내기가 벌어진 적이 있습니다. 놀랍게도 몇 년 후 성과를 비교했을 때 지수 수익률이 액티브 펀드를 능가해 버핏이 내기에서 승리했습니다.

인덱스에 투자하는 것은 하나의 나라에 투자하는 것입니다. 그 나라의 발전을 확신한다는 뜻이죠. 한국이 과연 망할까요? 비관론자들이 나라 망한다고 온갖 한탄을 해도 국민소득 3만 불을 넘었습니다. 코스피가 10년 가까이 박스권을 유지할 때 한국의 번영은 끝났다고 조롱받기도 했죠. 하지만 어느새 3,000을 넘어서 새로운 지수 영역으로 들어섰습니다.

그래도 한국이 믿음직하지 않다면 미국은 어떨까요? 미국이 망할까요? 인구, 지정학적 위치, 자본력, 기술 발전… 모든 영역에서 유리한 나라입니다. 따라서 최적의 투자처가 될 수 있죠. 선진국에만 투자하기 아쉽다면 성장 국가에 투자하면 됩니다. 베트남 등 아세안 국가들도 전망이 좋죠. 더 먼 미래에는 아프리카도 이머징 시장으로 활약하며 경제가 성장할 것입니다.

❷ 시총 1위 회사만 매수

A 전략에서 좀 더 발전시킨 방법입니다. 특정 국가의 시총 1위 기업만 매수하는 전략인데요. 지수 인덱스에 투자하는 것보다는 리스크가 있지만 훨씬 강력한 수익을 기대할 수 있습니다.

어떤 증권사 임원분이 자신이 뵙게 된 노 교수님의 일화를 공유한 기사가 있었습니다. 이분은 놀랍게도 주식을 통해 1조가 넘는 재산을 만들었다고 합니다. 70년대부터 주식을 시작했고 최근까지도 투자를 하고 계신데 단일 전략을 썼다고 합니다. 바로 시총 1위 기업에 투자하는 것입니다. 과거에는 건설주, 은행주 등 당대의 1위 기업에 투자했고, 시총 1위가 바뀌면 그때만 교체 매매를 했다고 합니다.

2000년 초반부터는 부동의 1위인 삼성전자를 계속 보유하고 계시겠죠. 이분의 수익률은 최근 20년간 삼성전자의 차트만 봐도 쉽게 예상할 수 있을 것입니다.

시총 1위 회사 매수 방법이 강력한 이유가 있습니다. 수치적 분석에 치우치면 놓치게 되는, 하지만 매우 중요한 핵심 경쟁력을 챙길 수 있기 때문입니다. 바로 '인재'에 대한 부분입니다. 현재 시가총액이 가장 큰 기업은 당대의 트렌드를 반영하고, 높은 연봉을 통해 유능한 인재를 쓰는 경우가 많습니다. 그렇게 모인 인재는 당연히 능력을 발휘하게 되고, 따라서 더 좋은 실적으로 보답하게 됩니다. 우리나라 1위 기업도 괜찮고, 지수 투자와 마찬가지로 원하는 국가의 1위 기업들을 찾아서 투자할 수도 있습니다.

❸ 버크셔 해서웨이 매수

세계 부호 Top 5 중 유일한 '증권투자 전문가'는 워런 버핏입니다. 버핏의 회사, 버크셔 해서웨이의 장기투자 성과는 그 누구도 부정하지 못합니다. 당연히 명실상부한 세계 최고의 투자자로 인정받을 수 있죠. 버핏보다 투자를 잘할 자신이 없다면 버핏에게 투자하자, 이것이 버크셔 해서웨이 매수의 논리입니다.

실제로 채권 투자 경력을 가진 유명 투자 전문 번역가 한 분이 있습니다. 이분 또한 버크셔 해서웨이에 투자한다고 합니다. 투자에 일가견이 있고 어느 정도 자산이 쌓인, 더 이상 공격적 투자를 할 필요성을 못 느끼는 고수분들 중 버크셔에만 투자하는 분이 은근히 있다고 합니다.

❹ 금융 위기 천수답

마지막으로, 금융 위기가 올 때까지 주식투자를 하지 않고 현금을 쥔 채 기다리는 방법입니다. 투자수익이 나는 확실한 종목을 찾기 어렵다면 투자수익이 나는 확실한 시기를 찾아보자는 것이죠. 금융 위기는 세상이 무너지는 사건이 아닙니다. 신용 사회의 시스템적 속성과 인간의 욕심이라는 본성이 만나다 보니 필연적으로 발생하는 것입니다. 보통 10년에 한 번 정도 금융 위기가 나타납니다. 이것은 불편하지만 자연스러운 진실입니다.

개별 기업의 저평가 여부를 찾는 건 쉽지 않습니다. 하지만 금융 위기가 오면 모두가 함께 저평가되는 구간이 옵니다. 바로 패닉 셀 Panic Sell입니다. 이 기간에 주식을 살 돈이 있다면 엄청난 수익률을 노릴 수 있습니다. 지식이 많지 않아도 됩니다. 저평가 주식이 널려 있기 때문이죠.

대신 이 방법을 현실화시키려면 상상을 초월하는 인내심이 필요합니다. 주식투자에 대한 관심을 놓지 않으면서도 10년 이상 아무것도 하지 않고 기다린다? 아무나 시도할 수 있는 방법은 아닙니다. 대신 그만큼 실천할 수만 있다면 확실한 수익을 얻을 것입니다.

앞선 네 가지 전략으로 수익을 낸다면 어떨까요? 그렇게 어려운 공부가 필요하지 않습니다. 하지만 이 전략으로 성공하기 위해서는 매우 중요한 조건들이 있습니다.

공부 제로 투자의 성공 조건

❶ 공부를 '완전히' 포기하라

현실을 부정하지 마세요. 어설프게 공부하면 손실만 납니다. 주식시장은 결코 만만치 않습니다. 제대로 공부할 게 아니라면 의도적으로 공부를 차단하는 게 낫습니다. 견물생심이라고 하죠. 새로운 정보를 습득하는 순간 이상한 유혹에 빠지는 경우가 많습니다. 따라서 공부할 여력은 없는데 주식투자는 해야 한다면 공부를 아예 안 하는 강단을 발휘해야 합니다. 생각보다 정말 중요합니다. 애매하게 공부하면 공부 없이 심플한 전략을 지킬 때보다 더 큰 손해가 발생할 수 있습니다.

❷ 본업을 통해 투자금을 지속적으로 적립하라

주식투자의 가장 큰 적 중 하나는 단기적 변동성입니다. 많은 분이 아시다시피 변동성의 극복은 분산투자로 가능하죠. 하지만 앞서 언급한 네 가지 스타일로 투자를 한다면 종목의 분산이 어렵습니다.

단일 전략을 고수해야 하기 때문이죠. 이럴 때는 종목의 분산이 아닌 시간의 분산으로 보완해야 합니다. 여러 번에 걸쳐 나눠서 사는 것이죠.

가장 일반적인 형태는 월급을 받을 때 일정액을 정기적으로 주식 매수에 쓰는 것입니다. 마치 적금에 들듯이 말이죠. 시간 분산의 힘은 강력합니다. 종목을 발굴하고 포트폴리오를 운용하는 직접 투자를 할 때도 마찬가지입니다. 경험상 종목의 분산보다 시간의 분산을 통한 매수가 훨씬 효과적이었습니다.

❸ 10년 이상을 바라보고 장기로 투자하라

10년 뒤에 인류가 지금보다 더 잘사는 것은 거의 확실합니다. 다르게 말하면 10년 이내의 단기적 변동성을 무시할 수 있으면 반드시 돈을 벌 수 있습니다. 다르게 말한다면 단기적인 주가 등락에 휘둘리지 않아야 합니다.

올바른 방법을 찾는 것은 어렵지 않습니다. 하지만 올바른 방법을 지키는 것은 매우 어렵습니다. 그래서 아예 수동적인 전략으로 투자하는 것이죠. 애매한 욕심 때문에 위험한 방법에 적극적으로 투자를 하는 것보다는 훨씬 좋은 성과를 낼 수 있습니다. 주식투자에서 장기적인 관점을 가지는 것은 만병통치약에 가깝습니다.

간혹 장기투자 했더니 오르지도 않고 망했다는 이야기를 들은 적이 있을 것입니다. 그러나 5년 이상 투자했는데 손실이 나는 케이스는 '애초에 버블이 낀 종목을 비싸게 샀을 때'만 해당됩니다. 자신이 사기 직전까지 한참을 오른 주가는 생각하지 않은 것이죠. 이런 사례를 제외하고 앞서 제안드린 방법으로 장기투자를 하신다면 분명히 만족스러운 수익이 챙길 것입니다.

마지막으로 당부드리고 싶습니다. 여태까지 책을 따라 와 주셨다면 상식적으로 냉정히 생각했을 때 내가 주식투자 공부를 할 수 있는 사람인지, 여력이 되지 않는 사람인지 구분이 가능할 것입니다. 가장 중요한 것은 아래 두 가지 중 하나를 선택하는 것입니다.

'독하게 공부해서 제대로 직접 투자를 할 것인가?'
'세상의 발전에 편승해 철저히 수동적 투자를 할 것인가?'

하나를 선택했다면 결실이 보일 때까지 자세를 바꾸면 안 됩니다. 최소 3년은 마음을 바꾸지 않는다는 뜻입니다. 둘 중 하나를 선택했다면 3년쯤 지나면 어떻게든 성과가 보일 것입니다.

특히 공부 여력이 안 되는 분들은 절대로 욕심내면 안 됩니다. 어설프게 알고 덤벼들면 돈 잃는 경우가 훨씬 많습니다. 나를 증명하는 게 목적이 아니라 돈을 버는 게 목적입니다. 여태까지 읽은 내용을 모두 버려도 상관없습니다. 수동적 투자도 결코 쉬운 방법이 아닙니다. 복잡한 지식이 필요해서가 아니라 나 자신의 객기와 싸워야 하기 때문입니다.

'게임을 하는 게 아니라 자산을 불리는 것이다.'

이것을 염두에 두고 철저한 수동적 투자를 한다면 의외로 마음 편하게 노후 준비를 하며 일상도 챙길 수 있을 것입니다.

에필로그

　　우선 또 하나의 책을 완독하신 것을 축하드립니다. 프롤로그에서 주식투자를 탐험에 비유하긴 했지만 이제부터가 진짜입니다. 탐험가는 밖으로 나가서 모험을 겪으며 의미를 찾게 마련이죠. 투자도 마찬가지입니다. 시장에 뛰어들어 경험을 해야 책의 내용이 체화될 수 있을 것입니다.

　　주식투자를 떠나 모든 성취의 영역은 공통점이 있습니다.

1. 처음 한두 번의 시도만으로는 절대로 마스터할 수 없다.
2. 성실하게 연습을 하고 경험을 쌓으면 상상하지 못할 만큼 발전할 수 있다.

　　주식투자를 행운이나 요행으로 생각하는 분들은 불운의 벽에 막혀 좌절할 것입니다. 우리나라에만 수백만 개의 주식계좌가 있습니다. 하지만 꾸준히 수익이 나는 사람은 생각보다 많지 않습니다. 그

럼에도 불구하고 누군가는 수익이 나고 자산을 불립니다. 이 차이는
어디에 있을까요?

모든 성취의 영역이 그러하듯 주식투자도 첫 술에 배부를 수 없습
니다. 특히 처음 1, 2년은 돈을 벌어도 잃어도 어렵습니다. 강세장,
약세장, 횡보장을 골고루 경험하려면 오랜 기간이 소요되기 때문입
니다. 모든 장세를 경험해야 비로소 주식시장에서 살아남을 준비가
되는 것입니다.

그래서 처음 1, 2년은 마음을 편하게 가지길 추천드립니다. 바로
바로 성과가 나지 않는다고 초조해 할 필요가 없습니다. 시간이 해
결해 줄 문제니까요. 거대한 모험을 앞둔 탐험가들은 탐험의 과정을
생략하고 최종 도착지로 직행하지 않습니다. 어차피 경험할 과정이
다, 이런 담대한 마음이 필요합니다.

주식투자에서 항상 옳은 것은 없습니다. 오늘까지는 오답이었다가 내일부터 정답이 될 수도 있고, 그 반대가 될 수도 있습니다. 중요한 건 정답일 때까지 훈련하며 기다리는 정신력입니다. 나쁜 기업이라도 매수할 가격대까지 기다렸다 사면 성공합니다. 누구나 아는 유명하고 좋은 기업이라도 너무 비싸게 사면 실패합니다. 매수에 실패해도 성공할 때까지 기다리면 수익이 나기도 합니다. 이렇게 기다림의 힘을 발휘하려면 강인한 멘탈이 필요합니다.

확실한 오답인데 욕심 때문에 빨려 들어갈 때가 있습니다. 이미 살 때부터 스스로 알고 있습니다. 하지만 홀린 듯 틀린 행동을 하는 경우를 너무 많이 봤습니다. 저도 너무 많이 겪었습니다. 이런 유혹을 이겨 내는 데도 강인한 멘탈이 필요합니다.

멘탈. 주식투자를 오래해 온 사람들은 한결같이 강조하는 부분입니다. 30년 가까이 주식투자를 해 오신 전업투자자 선배님이 제게 이렇게 말씀해 주었습니다.

"주식은 결국 멘탈이야."

이 말뜻을 정확히 이해하는 데는 시간이 걸렸습니다. 멘탈은 순수한 의지력과는 다릅니다. 인간의 의지력은 한계가 있습니다. 오히려 충동의 힘이 의지보다 강합니다.

진짜 멘탈 관리는 무엇일까요? 본능과 충동의 위협을 이해하고 체계적으로 회피할 수 있는 습관을 디자인하는 것입니다. 멘탈을 관리하는 데는 의지력이 아니라 시스템이 필요합니다. 한결같이 기업에 대해 공부하는 습관, 분할 매수하고 분할 매도하는 습관, 포트폴리오 리밸런싱을 하는 습관. 이런 습관들이 모여 체계적으로 행동하다 보면, 변화무쌍한 주식의 바다에서 안전하게 항해를 이어 갈 수 있습니다.

올바르게 준비하고 멘탈을 관리하며 투자하면 무조건 좋은 결과를 얻을 것입니다. 운이 좋은 분은 스스로 기대한 것보다 훨씬 부자가 될 것입니다. 반면 운이 좋지 않은 분이라도 노후와 노동에 대한 걱정에서는 해방될 것입니다.

주눅 들지 말고, 회의감이 들어도 버티기 바랍니다. 하지만 모든 과정에서 냉정하고 합리적인 결정을 내리도록 꾸준히 연습하기 바랍니다. 그리고 시간이 지나서 자본주의사회의 희생자가 아니라 이용자가 되어 함께 뵐 수 있기를 기대합니다.

운을 극복하는 주식 공부

1판 1쇄 발행 2021년 12월 1일

지은이 여신욱
발행인 김형준

편집 이병철
마케팅 김수정
디자인 프롬디자인

발행처 체인지업북스
출판등록 2021년 1월 5일 제2021-000003호
주소 서울특별시 은평구 수색로 217-1, 410호
전화 02-6956-8977 **팩스** 02-6499-8977
이메일 change-up20@naver.com
홈페이지 www.changeuplibro.com

여신욱 ©, 2021

ISBN 979-11-91378-10-8 (13320)

체인지업북스는 내 삶을 변화시키는 책을 펴냅니다.